U0596054

Jul.

隋唐历史超有料

七哥侃历史 著

九州出版社
JIUZHOUPRESS

图书在版编目（CIP）数据

隋唐历史超有料 / 七哥侃历史著. -- 北京 ：九州
出版社，2022.10
ISBN 978-7-5225-1156-6

Ⅰ．①隋… Ⅱ．①七… Ⅲ．①中国历史-隋唐时代-
通俗读物 Ⅳ．①K240.9

中国版本图书馆CIP数据核字(2022)第162422号

隋唐历史超有料

作　　者　七哥侃历史　著
责任编辑　周红斌
出版发行　九州出版社
地　　址　北京市西城区阜外大街甲35号（100037）
发行电话　（010）68992190/3/5/6
网　　址　www.jiuzhoupress.com
印　　刷　三河市冀华印务有限公司
开　　本　880毫米×1230毫米　32开
印　　张　8.625
字　　数　152千字
版　　次　2022年10月第1版
印　　次　2022年10月第1次印刷
书　　号　ISBN 978-7-5225-1156-6
定　　价　59.80元

序

    小时候，我看的是《隋唐演义》连环画，听的是《隋唐演义》的评书，再后来，看了关于隋唐英雄的影视剧。很多人在年少的时候都会有一种英雄情结，幻想长大了做一个大英雄，因此，力大无穷的李元霸、帅气潇洒的罗成、三板斧的程咬金、牛鼻子老道徐茂功，以及裴元庆、雄阔海、秦琼、尉迟恭，乃至倒霉的宇文成都、悲催的老杨林，都曾经在我童年的记忆里留下深刻的印象。

    国人心中的英雄形象不仅英姿勃发、武艺超群，且多疾恶如仇、忠义双全。在《隋唐演义》的评书中，单雄信、秦琼、罗成等46位英雄好汉在贾家楼结为兄弟，从此形成了隋末农民军——瓦岗军的核心力量，但是在隋末战争中，瓦岗寨的弟兄们却貌合神离，最终分道扬镳，丝毫不讲义气。后世一些人因此对瓦岗寨众人的结义行为非常不齿，心中对这些人的英雄形象也大打折扣。因此民间流传一句俗话："宁学桃园三结义，不学瓦岗一炷香。"有人把《三国演义》中战力排名第四的关羽放

1

在《隋唐演义》中，发现根本排不上号，但是人们看重的是刘、关、张三兄弟自始至终都没有背弃"忠义"二字的品质。

然而历史真的是这样吗？其实，历史真的不是这样的。当我们打开《旧唐书》《新唐书》《资治通鉴》的时候会发现，其中没有宇文成都，没有雄阔海，没有罗成，讲义气的不是单雄信，而是徐世勣，瓦岗寨的大头领不是程咬金，而是李密……

我们说，历史人物的形象大致分为三种：一是历史形象，即正史记载形象，为史学家所主张，但历史形象不等于历史真相，因为正史记载也未必百分百真实准确，但对照各种史书，后人基本可以大致还原这些历史形象；二是文学形象，为艺术家所主张，如《三国演义》《隋唐演义》中的人物形象；三是民间传说、民间信仰，包括我们每个人心中的历史人物形象，我们称之为民间形象，为街头巷尾所议论。

每个热爱历史的人，关于历史上的人物，可能都会在自己心中塑造一个形象，而且这个形象一旦形成，他往往不能接受别的形象，如果你讲的这个形象和他心中塑造的不一样，他下意识会认为你错了。所以，当我们去看一部历史剧，总会听到有观众在下面评论，这个单雄信不像啊！历史中的单雄信他见过吗？没见过。他为什么会说不像呢？因为他心中有一个单雄信的形象。

我对隋唐英雄的兴趣大概缘于他们的历史形象、文学形象乃至民间形象可以迥然不同，处在不断的演变之中，反映出人们基于生活和理想之上无穷的创造力。

就拿单雄信的形象来说，正史《旧唐书》中说他是一员骁将，"尤能马上用枪，密军号为'飞将'"；段成式《酉阳杂俎》中的他18岁时将学堂前的枣树砍伐做成枪杆，造一枪头重70斤，称为"寒骨白"；到了元代，尚仲贤元杂剧《尉迟恭单鞭夺槊》中，单雄信"逞大胆心怀奸诈"；明代《大唐秦王词话》中，单雄信更是被王世充以女儿色诱而反水，在偃师之战中劫持李密家眷，胁迫瓦岗寨众兄弟投降，后又不让王世充任用他们，让他们只能赋闲，而在王世充败亡后又跪地求饶，形象逐渐被丑化。而单雄信的形象得以扭转也得益于另一部分文学界人士的文笔，在晚明袁于令的《隋史遗文》中，单雄信被塑造成为人侠义、扶危救弱的绿林首领，这一形象在清代《说唐全传》《隋唐演义》中进一步被美化，所以才有了今天广为人知的潞州二贤庄庄主"赤发灵官"和明知投唐前途定一片光明，却因家仇在身绝不为之、宁死不屈的单二爷。

而作为本书主要人物之一的李密，他的正史形象更是与其文学形象、民间形象大相径庭。

李密出身名门贵族，曾祖父李弼曾经在关陇集团命悬一线的开基之战——沙苑之战中厥功至伟，因此成为西魏八柱国之一，后赐姓徒何氏，并授封北周太师、魏国公；祖父李曜为北周太保、邢国公；父亲李宽为隋朝上柱国、蒲山郡公。而隋唐易代之际，李密更是成为风云一时的人物。

以《北史》《隋书》《旧唐书》《新唐书》《资治通鉴》为代表的正史书籍中，李密的形象较为复杂。他虽志存高远、文武双全、礼贤下士，但志性轻狡、刚愎自用、独断专行，看似重情重义，可斩杀翟让的行为终究逃不了"始乱终逆"的评价。也许正是这种复杂性，为后世人们加工与丰富李密的形象提供了广阔的想象空间。而在后世的诗歌、散文、小说作品中，李密逐渐被塑造为背恩忘义、志意骄矜、不善用人、好色无能的负面形象。

李密死时，有挚友王伯当一同赴死。李密死后，更有徐世勣率旧部为其痛哭祭奠，旧部魏徵为其撰写1202个字的《唐故邢国公李密墓志铭》。据《旧唐书》记载："密每见宝藏之疏，未尝不称善，既闻徵所为，遽使召之。徵进十策以干密，虽奇之而不能用。"可见魏徵在李密麾下时并没有得到重用，然而他在墓志铭中却对李密评价极高："命世挺生，负问鼎之雄图，郁拔山之壮气，控御英杰，鞭挞区宇，志逸风飚，势倾海岳。"真实的李密究竟如何，或许从中可见一斑。

时来天地皆同力，运去英雄不自由。英雄还是枭雄，自有世人评说。

是为序。

目 录

后院起火

一、杨玄感之乱

隋大业十一年（615年），距隋炀帝被部将宇文化及等迫杀及李渊称帝建立唐朝，还有三年时间。在浩荡的历史长河中，三年短暂得不值一提，但这三年风云变幻、英雄辈出，却是中国历史上极具戏剧性的三年。家喻户晓的隋唐英雄们，在这一时期你方唱罢我登场。故事的开始，我们可以从杨玄感之乱说起。

时间回溯到两年前，即大业九年（613年），隋炀帝第二次亲征高句丽，结果就在这个当口，竟然爆发了杨玄感之乱！杨玄感是什么人物呢？他是隋朝开国功臣杨素的儿子，当时的礼部尚书，赫赫朝廷重臣这时候举旗造反，挥兵包围了东都洛阳。首都告急，留守洛阳的越王杨侗年仅九岁，按今天来说还是个小学生，户部尚书樊子盖这时候当然要承担起防务工作。

樊子盖为官，清廉度和忠诚度都不在话下，在升任户部尚书之前，有过丰富的基层工作经验，在很多州都做过刺史，刚调回中央。现在洛阳危在旦夕，可他对朝廷的官员和政务完全摸不清情况。而且，官员们非常排斥樊子盖这个初来乍到就"上位"的同事，有的官员甚至故意隐瞒军情，就等着看樊子盖出洋相。

就比如说，樊子盖派河南赞治裴弘策去迎击叛军，结果裴弘策没啥绩效不说，还把带领的几千名士兵搭进去了，不是投降叛军，就是落荒而逃，最后连辎重武器都丢下资敌了。裴弘策和剩下的十余名骑兵逃回宫城，别提多狼狈。就是在这种情况下，樊子盖也打算正向鼓励，一方面想让裴弘策念他个好，鼓舞士气、团结己方；另一方面失败的经验不是谁都有的。可是裴弘策中了邪、铁了心，坚决不吃樊子盖这一套。樊子盖被隋炀帝一路提携上来，危机之中受命，哪敢在这关键时刻掉链子！洛阳若不慎陷入叛军之手，后果不堪设想。裴弘策挑战他的权威，就是挑战自己老板的权威，是严重的错误示范，此时不杀鸡儆猴，这还得了？裴弘策一死，洛阳的官员们都屏声了。

君主的威权必然沾满鲜血，在这千钧一发之际，没有君主庇护的樊子盖威名得立，不止一颗脑袋落地，最起码得两颗。而这时国子祭酒杨汪出来凑热闹了。杨汪本就不服樊子盖，见同僚被杀，暴脾气上来人头都敢送。樊子盖虽是一介文人，却毫不含糊地要将杨汪就地正法，没想到杨汪见樊子盖来真的，赶紧下跪谢罪，才保住一颗脑袋。从此，洛阳官兵提到樊子盖无不战栗，再没有人敢抬头直视他的威严。

杨玄感围困洛阳日久，周边郡县的援军陆续赶来，樊子盖的威名不仅震慑了洛阳城里的官兵，也吓坏了城外的援军，一时军心浮动，不敢入城。杨玄感捕捉到可乘之机，派人一番游说，没想到有四十多位投诚，并且都是煊赫的世家功臣之后，这里有：上柱国大将军、寿光县公（食邑一千户）韩擒虎之子，韩世谔；隋朝宗室，观王杨雄之子，杨恭道（此人尊号太多，此处写不下）；金紫光禄大夫虞世基之子，虞柔，他亲叔父是大唐的礼部侍郎虞世南；义宁郡公、右武候大将军周罗睺之子，周仲；右骁卫大将军来护儿之子，来渊；户部侍郎裴蕴之子，裴爽；大理卿郑善果之子，郑俨。这些人的长上至今在朝廷手握重权，有的正跟随隋炀帝在东北前线奋勇杀敌，谁承想根正苗红的孩子们此时在洛阳城外选边乱臣杨玄感，这就不是樊子盖杀了裴弘策引起的震荡可以解释的了。这么多贵族趁势联合起来造反，究其原因只可能是一个：隋炀帝"动了他们的奶酪"，勋贵们看不到未来。亲征高句丽之前，隋炀帝颁下诏书，亲手堵上了他们通过建功立业上升的路，这就没什么难理解的了。

勋贵子弟率兵投奔杨玄感之后，叛军部队达到五万人，在兵力对比上对守军形成了碾压态势。杨玄感分兵四路，对洛阳呈包围之势：洛阳以西之慈硐道，派兵五千镇守；洛阳以南之伊阙道，派兵五千镇守；洛阳以东之荥阳，韩擒虎之子韩世谔率兵三千前去攻城；洛阳西北之虎牢关，顾觉率兵五千进发。一时之间，叛军气势如虹，东都和长安岌岌可危。

作为隋朝鼎盛时期的首都，洛阳城本身高墙深池，防御工事完备，无论是人力、物力还是财力，都是最优配置，再加上樊子盖加强守卫的一系列措施，洛阳的人心还是向着大隋的。杨玄感大军虽然一鼓作气、数战数捷，但与朝廷经过严格训练的正规军一比，仍然是土得掉渣的兵，想要攻破洛阳的城门，简直是痴心妄想！可杨玄感这时候已经来了劲，在上春门外当着无数老百姓的面发誓：我身为上柱国，家里不差钱，起兵造反是为了拯救你们啊！台下父老一听老泪纵横，又是送肉又是送酒，有的还把儿子送进了军队。

就在杨玄感无所作为的同时，隋朝的援军正火速集结。先看长安城方面，留守的也是个不知事的娃娃，年仅八岁的代王杨侑，由刑部尚书卫文升辅佐。卫文升是前朝的老臣，以骁勇善战著称，隋炀帝第一次亲征高句丽之时，他是唯一杀出一条血路保全所有兵马的将领，如今年过古稀，按说一生早已看惯了刀光剑影，听惯了鼓角争鸣，这些都应该不算事儿。可是历史上记载，老爷子听说杨玄感带着这么多勋贵子弟起兵造反，顿时怒发冲冠，认为这些没有出息的乱臣贼子就是欠收拾！到底是铁骨铮铮的老将，星夜立即整顿精兵四万（一说七万），朝着洛阳方向杀奔而来。

老爷子率兵路过华阴杨素老家，大骂杨素竟养了如此不忠不孝的儿子，一怒之下夷平他的坟墓，焚烧他的骸骨，将杨氏父子钉在了历史的耻辱柱上。之后，讨逆大军一路出潼关，穿过崤谷（今河南洛宁西北）、渑池（今河南渑池东），直指洛阳城北。杨玄感听闻自己家祖坟被挖，气得七窍生烟，亲自带领重兵迎击。他本就作战骁勇，此时身先士卒，杀得卫军大为震骇，纷纷以为项羽再世。卫文升部且战且走，屯军金谷（今河南洛阳东北），两军形成对峙的局面。为了激励士气，卫文升在军中清扫地面，祭祀文帝道："如果上天保佑大隋社稷，就让杨玄感这些败类毁灭吧！如果隋朝大势已去，那就容老朽先走一步！"三军闻之，莫不呜咽。然而此时杨玄感的兵力已经飙升至十万，敌众我寡是不争的事实，卫文升部不得不退守至邙山脚下。凭借多年征战沙场的经验，老爷子决定不再后退，依山布阵，固守待援，双方一日之内缠斗十余次。正当杨玄感以为胜利在望，弟弟杨玄挺被箭射中身亡，他悲恸之余，只好暂缓攻势。

此时，千里之外的辽东战场，隋朝官军正顺着斜坡爬上辽东城的城墙，城里的高句丽守军一时间大为惊慌，手足无措。

原来隋炀帝也是个不走寻常路的男子。他认为从地面直接攻城有难度，就下令装填了一百多万袋泥土，让士兵冲到城墙下堆放，竟垒出一个与城墙相齐的宽大且平缓的鱼梁大道。另外，他还造出了高出城墙的八轮楼车，排在斜坡两旁，可以往城里扔石头，直吓得高句丽守军腿软。隋炀帝以为这次赢定了，可一条来自场外的消息彻底打乱了他的计划——杨玄感起兵造反了！

隋炀帝很忧虑：杨玄感这家伙是聪明人，不会真成了气候吧？这时，宰相苏威告诉隋炀帝，那些能够明辨是非、判断成败的人才是真正的聪明人，杨玄感他粗鄙大意，最多不过是小聪明，这次叛乱很快就会事败，但是真正需要提防的是那些在旁边打着如意算盘、准备浑水摸鱼的人。苏威一番言辞，隋炀帝深以为然，可是，更加忧虑了——杨玄感的谋反行为给达官子弟做了很不好的示范，那些真正聪明、有心谋反的勋贵还没有浮出水面啊！苏威一番言辞的隐含信息，隋炀帝愣是没听出来：如今天下劳役不息，百姓苦不堪言，这恐怕是日后天下大乱的开始。这就没办法了。

隋炀帝再三权衡之后，担心社稷有损，决定立即班师回朝，于六月二十八日夜秘密下达了撤军令，什么军资、器械、营垒、帐幕全都不要了，保持原样不动，意图给高句丽守军制造一种假象。高句丽的将士哪敢相信眼前的一切，本来连遗书都写好了，誓死与辽东城共存亡，结果一觉醒来敌人不见了。这种情况下，高句丽守军当然不敢追击，甚至两天后才敢把城门打开，派出数千兵马跟随其后。眼见隋军西渡辽水，这才确认他们是真的撤了，进逼击杀殿后部队几千人，之后快意而归。

二、叛乱平息

从辽东战场抽身而退的隋炀帝，派左翊卫大将军宇文述、左候卫将军屈突通连夜发兵赶往洛阳。此时行至东莱的来护儿还未收到军令，但已召集诸将明确表态，宁愿承担擅自回师的罪名，也要参与平叛。三路大军同时朝东都挺进，对叛军形成包围之势。形势瞬间急转直下，是李密和杨玄感万万没想到的。本来二人想得美啊，趁着隋炀帝东征高句丽，可一举拿下东都，俘虏朝廷官员及其家眷做人质，谅你杨广再神通广大也无计可施。没有料到，樊子盖区区一介文官把洛阳守得固若金汤；卫文升老将出马一个顶俩，牵制了杨玄感的主要兵力；杨玄感的兵力在宇文述、屈突通、来护儿三路包围下更加捉襟见肘、疲于应付。起兵以来，杨玄感头一次生出无力之感。

前文提到杨玄感上春门发表群众演讲，宣誓自己不顾灭族之罪，就是为了拯救黎民百姓于水火，这给他笼络了不少民心。但杨玄感心里这个着急啊，老百姓看不出来我起兵造反为了啥，你们这些合伙人看不出来吗？这时候终于出现一个懂他的人，投奔而来的右武卫大将军李子雄在杨玄感旁边耳语道："目前士气低下，不如您称个帝，此乃众望所归啊！"杨玄感不禁心中惊呼"知我者，子雄也"，极力按捺住激动的心情之后，不忘咨询一下军师李密。李密百感交集，言辞恳切："我把你当兄弟看待，才敢直言相劝，也是把自己身家性命置之度外了。虽然起兵以来，咱们频频取胜，但各地郡县并没有呼应的，如今东都久攻不下，救兵从四面八方集结而来，这不是个好势头啊！此时应该赶快改弦易辙，求取关中，您竟然在这节骨眼儿还想着称帝的事儿！"杨玄感这次竟然听了进去，打消了称帝的念头，决定速速集合大军，朝着关陇大本营——长安进发！

隋大业九年七月二十日，杨玄感接受李密和李子雄的建议，放弃继续攻打洛阳，集合十余万大军西进，准备直取关中，打开永丰仓（今陕西省华阴市东北渭水南岸广通渠口），用国家储备粮救济流民为自己招揽人心。一路上，杨玄感也不闲着，沿途散播洛阳已经陷落的假消息，此次西进，是为求取长安城。仗打不赢没关系，一定要勇于占据舆论的制高点啊！

大军行进至弘农宫（在今河南省三门峡市），父老乡亲拦下杨玄感说："可算把您给盼来了！弘农宫城内兵力空虚，但里面有很多粮食物资，攻下此城对您来说不过是分分钟的事。"杨玄感自起兵之后，并没有多少成就感，想称帝还被泼了凉水，如今来到自家地界儿，锦衣夜行就没必要了吧。一番考量之后，杨玄感决定留下来攻打弘农宫。

弘农太守杨智积可不是一般人物，他是隋文帝的侄子、隋炀帝的堂弟，智谋过人，胆略超群，深受文帝赏识。杨玄感带兵准备攻打弘农宫，杨智积非但不慌张，心里还暗自叫好，他和属下将士说："杨玄感见我们的援军将要赶来驰援洛阳，改变了原来的计划。如果让他顺利西进，夺取了关中，日后的局面将难以收拾。我们目前要想办法牵制住他，尽量拖延时间等待援军，这样他就再无翻身的机会了。"杨智积深知杨玄感的弱点是易怒，为了给他心头点一把火，登上女墙辱骂杨玄感：杨玄感你这无能之辈，拥兵十万有什么用，区区弘农宫都拿不下，还想打天下？先撒泡尿照照自己是不是个男人！李密对杨玄感好言相劝："我的好兄弟，这次放弃洛阳、西进长安，就是要以快取胜，如今留给我们的时间不多了，你却要在这里和一个小小的弘农宫较劲。如果不能抢占长安屏障潼关，又没有退守的地方，援军追来，我们该如何自保？"可杨玄感此时已经怒不可遏，冲李密大吼道："我不要面子的吗？！不攻陷弘农宫，誓不为男人！"

话说杨玄感决定攻打弘农宫，一怒之下放火烧了弘农宫的城门，想把城门烧开率军冲进去。可他没想到的是，杨智积将计就计，在城里面添薪助火，把什么桌椅板凳所有可以烧的东西都堆在城门口，火势之大让杨玄感根本找不到门在哪儿，更别说冲进城来了。大火烧了三天，到第三天，杨玄感一拍大腿，恍然大悟："不好，中计了！"这时候他才想起来自己是来做什么的，迅速召集兵马，向西逃去。可惜为时已晚，大军行至阌乡（今河南省三门峡市灵宝市境内），宇文述、来护儿、屈突通等所率援兵已从各路赶来，杨玄感深知大势已去，一路败退。

隋大业九年八月初一，皇天原（今河南省灵宝市西北）上两军对峙，一场决战即将开始。一方是集结而来、训练有素的精兵强将；另一方是濒临绝境、士气低迷的末路叛军。向来兵败如山倒，杨玄感深知已经无力回天，僵持下去恐怕性命不保，于是和弟弟杨积善率领十余骑兵，朝着上洛（在今陕西省商洛市）逃奔。

虽说"是非成败转头空"，但彻底的失败到底是任何人都难以承受之重，这就是为什么当年西楚霸王不肯过江东的原因。杨玄感决定起兵造反的时候，就已经将整个杨氏家族置于死生之地，如今满盘皆输，又怎能独自偷生？杨玄感希望幻灭，自己就算能逃出生天，以后到哪里才可以立足呢？想到这里，二人已快马行至葭芦戍（今河南省卢氏县西），杨玄感勒住缰绳，心中最后做了一个决定，他转头对杨积善说："弟弟啊，我现在虽然已经穷途末路，但好歹还是个英雄，不能忍受被他们活捉之后侮辱而死，你给我个了断吧！"杨积善知道哥哥心意已决，抽出剑给了他一个痛快，正当他自己要挥剑自刎的时候，追兵已经赶来。二人的首级一起被送到了隋炀帝的行宫高阳，杨玄感的尸体被陈列在洛阳集市上，最后肢解焚烧，其惨状难以描述。轰轰烈烈开始的杨玄感叛乱，这一刻正式宣告失败。

现在来具体分析杨玄感叛乱的胜率：起兵之前，他有没有做好各种准备呢？没有。除了他老爹杨素原来在朝廷有几个亲信之外，他并没有形成有利的政治联盟。决定起兵的时候，有没有正规部队？有没有中心思想？有没有失败后的备选方案？统统没有。这样的造反，能成功才怪！杨玄感兵败一死了之，可是，这场突如其来的贵族叛乱让隋炀帝彻底震怒了，由此展开了大肆的屠杀。

隋炀帝气啊，本来此次亲征高句丽十拿九稳，结果被杨玄感打乱节奏。为什么这么说呢？经过总结第一次征讨高句丽的失败经验，隋炀帝决定放权给手下的将领们，让他们充分发挥自己的主观能动性，在战场上抓住有利时机。那么，具体来说，隋炀帝是怎么规划部署的呢？

从整体的战略部署和出击的着力点来看，此次出征和第一次没有太大区别，都是分兵几路，同时进击。两个着力点分别是高句丽的首都平壤，以及东部核心辽东城。

先看平壤方向，隋炀帝兵分陆、海两路，宇文述、杨义臣率军渡过鸭绿江，从陆路进攻；大将军来护儿出兵沧海道，准备从海路登陆，两军合力以形成包夹之势。第一次征讨高句丽之时，宇文述中了高句丽的诱兵之计惨败；来护儿在高句丽军诈败之下袭入平壤城，仅剩残兵而回。二人虽然都打了败仗，但隋炀帝知道战争经验是宝贵的，所以第二次出兵不计前嫌，仍然重用他们，并采取先前的作战计划。

辽东方向，则是隋炀帝率领四十万大军亲临辽东城下，按说城里只有区区三万守军，从兵力对比上来看，攻破城池易如反掌。但是，在"老板"眼皮底下，四十万人玩命攻城将近一个月，愣是没实现啥"绩效"，不得不让人思考其中的原因。与当时的突厥、吐谷浑等民族不同，高句丽是典型的农耕民族，兵民一体，组织严密，战斗力强，再加上辽东城是一座双层的石城，背山面河，高大坚固，易守难攻，隋军占不到任何便宜本来就很正常。更别提去年隋炀帝率三十万大军到此一游，结果不过是大败而归。高句丽军拥有胜利经验，面对四十万敌军，那也是相当自信啊。

攻下辽东城已经成为隋炀帝的心头病，隋军先后用上了飞楼、冲车、云梯等各种器械，甚至还从四面挖掘地道，意图打一场地道战。结果，没有一样是有用的，一个月快过去了，眼前这座城池仍然如同铁打的一般，无法撼动。隋炀帝心急如焚。

三、"肉飞仙"沈光

就在两军僵持不下之际，隋军中出现一个关键性人物，给这场战争打开了一个突破口。此人姓沈，名光，字总持，《隋书·沈光传》中说他"少骁捷，善戏马，为天下之最"，意思是骁勇敏捷，擅长驰马，马技号称天下第一。那他到底有多厉害呢？

据说，当初大兴城兴建禅定寺时，寺院广场前竖起一座高十多丈的幡杆。眼看工程快要完工了，突然一阵大风吹来，把杆上的绳子吹断了。一丈等于三米多，十多丈怎么也得四十多米开外，至少是现在十四五层楼那么高。这就需要重新把幡杆放倒，再续上绳子，不说花费的人力和时间多少，这种事情在刚刚建好的皇家寺庙看来，是非常不吉利的。众和尚仰首望天，一时不知如何是好，恰巧沈光路过，他上下打量一番，对和尚们说："这没什么难的，交给我吧，我来搞定。"和尚们一脸狐疑地把绳子交到沈光手里，只见沈光用嘴叼起绳索，顺着直立的幡杆攀爬上去，不用多时就到了杆顶，把绳索系上之后，沈光同时放开了攀在杆上的手脚，说时迟那时快，他的身休像飞燕一样轻盈，瞬间腾空而下。如果一个人从十四五层的高楼上坠下，那么活着的概率基本为零。我们看沈光怎么落地的：他着地后用双手一撑，顺势向后鹞子翻身，卸去冲击力之后，倒行几十步，毫发无损。[1] 众和尚目睹眼前的一切，顿时惊呆了，好一会儿才发出啧啧赞叹声，他们认为这就是传说中的轻功。沈光"肉飞仙"的鼎鼎大名就这样传开了。

大兴城是关陇贵族的大本营，本就民风彪悍，崇尚勇武之士，不少京师公子哥儿以结交游侠为乐。沈光身手矫捷，为人放荡不羁，很讲哥们儿义气，"一战成名"之后更成为这些人争相供养的对象。别看沈光是无业游民一枚，日常有酒喝、有肉吃，比一般上班族过得还滋润。滋润是滋润，英雄无用武之地，内心还是空虚寂寞的。

1　据《隋书·沈光传》记载："光以口衔索，拍竿而上，直至龙头。系绳毕，手足皆放，透空而下，以掌拒地，倒行数十步。"

"学成文武艺，货与帝王家。"这是古代绝大多数文人武将的理想，不管有多大的本事，得到皇帝的赏识和重用，才是他们最高的职业追求。这次征讨高句丽，隋炀帝吸取第一次东征失败的教训，准备在原有官军的基础上，花钱招募一支更有战斗力的新型军队——骁果军，沈光预感到自己的机会来了，当即决定报名。出发前往隋炀帝行宫之时，沈光的一百多名小弟都来灞上给他送行。沈光高举酒杯当众立誓："这次去，如果不能建功立业，我就死在高句丽，与各位永别了！"说罢洒酒于地，策马扬尘而去，大有"风萧萧兮易水寒，壮士一去兮不复还"的气魄。

　　再看辽东城战势，依旧不得章法，久攻不下。在这种无解的局面下，沈光的出现对隋炀帝来说，就如同一道光的存在。为了攻下高句丽，隋炀帝是煞费苦心，各种花式器械轮番上阵，这次用上了一种叫冲车的装备。据说，冲车安有八个车轮，最下面有士兵推动前进，上面是几层的木架结构，用来装载士兵。冲车上方置有长十五丈的铁头冲梯，用来接近和破坏城墙。可辽东城素以石城著称，坚不可摧，冲车的撞击根本发挥不了任何作用。此时，在冲车里的沈光早已按捺不住，"肉飞仙"的大名不是盖的，就见他顺着冲梯瞬间攀上顶端，靠近城头时跳了上去，与高句丽守军短兵相接。守城士兵还没反应过来，沈光的大刀已经朝着他们挥舞而去，只一会儿的工夫，十几个士兵的脑袋落地，此时的沈光如同天降神兵一般。但沈光知道，以一敌众不会再占什么便宜，这时守军已经竞相包围上来，他朝后看了一眼，从城墙上一跃而下。

城下的隋军哪里知道是什么情况，本来看自家兄弟杀上城池兴奋异常，眼见着沈光高空坠落，仗都忘了打，同时发出一阵惊呼，以为这下凶多吉少，不摔死也得摔残，然而，沈光手疾眼快，即将触地的刹那抓住了冲梯上的绳索，并且意犹未尽，借着绳索甩出去的离心力再次冲上城头，又砍下几个守城士兵的脑袋，这才心满意足地顺着冲梯滑了下来，安全着陆。此时，无论是城头上还是城墙下，无论是高句丽守军还是隋军，众人都定住了一般，过了好一会儿终于回过神来，隋军将士就好像洗刷了久攻城池而不下的耻辱，一齐发出胜利的欢呼声。

隋炀帝在城下也看呆了，想我大隋竟然还有如此神兵，怎么能在自己眼皮底下埋没了？！这可是英雄典范、三军表率啊，隋炀帝一道谕旨下去，沈光瞬间从无名小卒变成战场上最闪亮的那颗星。再来看看隋炀帝都给了沈光什么赏赐。首先，当天就授予他朝请大夫之职，赏赐良马、宝刀。朝请大夫虽然官衔不高，但沈光一个普通士兵，凭借一场战斗就擢升从五品，也可谓前无古人后无来者了。后来，隋炀帝直接升沈光为贴身侍卫，对他推食解衣，甚至还写了首诗表达对他的喜爱之情，《白马篇》文曰："白马金具装，横行辽水傍。问是谁家子，宿卫羽林郎。文犀六属铠，宝剑七星光……本持身许国，况复武功彰。会令千载后，流誉满旌常。"身骑白马，驰骋辽水旁，那是谁家的好儿郎？是大隋的将士啊！身披用犀牛皮制作的铠甲，手握带有七星图纹的宝剑，多么威武雄壮！……沙场的勇士们本就以身许国，更何况武力昭彰，纵使千载之后，声名也会随着旌旗飘扬。谁也没想到，喜欢征兵打仗的隋炀帝写起诗来也是一把好手，这首诗刻画的原型就是沈光，不仅展现了他在辽东战场上的飒爽英姿，而且极大地鼓舞了隋军的士气。

沈光一人之勇没办法扭转战局，但是隋炀帝从沈光这里得到了启发。他下令缝制布口袋，直缝了一百多万条，往里面填满泥土，然后把这些土袋顺着驻地往辽东城城墙一路堆放过去，形成一道三十步宽、与城墙相齐的斜坡，还给它起了一个很形象的名字——"鱼梁大道"。隋炀帝的计划显而易见，届时大军只要顺着这条康庄大道杀上城去，就可以顺利拿下辽东城。高句丽守军早已看出形势危急，在隋朝士兵不断冲过来堆放土袋的时候，对他们进行了猛烈攻击，但隋军将士前赴后继，守军竟然无可奈何。

眼见到了六月下旬，隋炀帝在辽东战场的营帐中正得意，原来军情来报，各路大军行进顺利：平壤方向，宇文述的陆路大军正准备跨过鸭绿江；来护儿的水路大军也已经到达东莱。

而此时，营帐前方的鱼梁大道即将与辽东城的城墙接榫。万事俱备，只欠东风，隋炀帝深以为，自己从未与胜利离得这么近。

然而，就在胜利触手可及之时，一骑快马飞也似的驰进大营，一名疲惫不堪的骑兵从马上跌落般跃下，呈上一封密报。隋炀帝打开一看，顿时惊慌失色！

隋炀帝的意图

一、叛乱纷起之兆

第二次亲征高句丽，隋炀帝刚寻到章法，眼见着辽东城指日可破，结果东都突然传来消息，杨玄感兵变把原本的计划全部打乱了。隋炀帝很生气，后果很严重！当下决定什么军资器械都不要了，连夜撤军。左翊卫大将军宇文述和左候卫将军屈突通受敕令乘驿马先行，速速聚集兵马以开赴洛阳。宇文述且按下不表，话说这屈突通也是关陇贵族中的一号人物，他可不是吃素的，当时的一句民谚足以说明他的特点——"宁食三斗葱，不逢屈突通"，什么人物让大家宁愿吃三斗大葱，都不愿意和他打交道呢？可见这人不是辣眼睛，是辣心！就这样，宇文述、屈突通和来护儿等几路大军合力平定了杨玄感之乱。

隋炀帝对杨玄感深恶痛绝，杨玄感之死并不能解他的心头之恨。隋炀帝先是下令将他的尸体处以车裂，之后在东都闹市陈尸三日以警世人，最后还把他的肉切成一块一块的，放火焚烧，手段之残忍难以俱述。最关键的是，杨玄感振臂一呼，勋贵子弟竞相呼应，这属实触动了隋炀帝心底的敏感神经：看来朝廷之内有不少人私下里打着算盘呢，这些心怀鬼胎的人到底潜藏有多少呢？是不是平日里我给他们脸了？隋炀帝越想越气愤，越想越觉得后患无穷，于是传下谕旨，命大理卿郑善果、御史大夫裴蕴、刑部侍郎骨仪和东都留守樊子盖彻底追查杨玄感的党羽。

在隋炀帝"宁可错杀一千，也不放过一个"的指导方针下，樊子盖等对杨玄感的手下及其党羽展开了大肆的屠杀，上至朝廷大员，下至平民百姓，无不牵连其中，共有三万多人被处死，六千多人被流放，就连当时接受过杨玄感开仓赈济的穷苦百姓都没被放过，全部拉到城南活埋。一时间到处血雨腥风，搞得哀鸿遍野、天怒人怨。

隋炀帝此时没有意识到自己犯了一个严重的战略性错误，而这一错误最终导致大隋王朝的分崩离析。隋炀帝看到的是杨玄感揭竿造反，以及勋贵子弟群起呼应，没有看到平乱倚靠的也是关陇贵族集团的势力，这一来一去之间，就不是"宁枉勿纵"这么简单了。杨玄感造反这件事，究其本质，乃是隋炀帝大力削弱关陇贵族权力之后的强力反弹，且涉案人员之多，影响范围之广，绝对不是用"一竿子打死"可以处理得了的。谁该严惩，谁该分化，谁是需要团结的对象，说来都是学问。一个统治者，应以安定人心、稳定政权为第一要务，隋炀帝反其道而行之，导致统治集团内部的裂痕不能弥合，反而越撕越大，这能怪谁呢？

社会面就更不用说了。大业年间的劳役和兵役征发，远远超过了老百姓所能承受的程度。据史料记载，隋炀帝在位的十多年里，修长城、开运河、建东都、游江南、三征高句丽，不是搞大工程，就是发动大战争，因此服劳役、兵役的百姓就有一千多万人，而即使是全盛时期的隋朝，总人口也只有五千多万。杨玄感短时间内得到民众的支持和拥护，也是因为他们在隋炀帝的统治下看不到希望。杨玄感一方面提出起兵造反是为了解救民众于水火，顺应了民意；另一方面开仓放粮，切实解决了穷苦民众的生活问题，收买了民心。隋炀帝此时如果能看清楚形势，应该对老百姓释放善意。具体怎么做呢？一是减轻徭役和赋税等压在人民头上的大山，二是充分谅解他们参与叛乱的苦衷，尽量从轻发落。作为历史上有名的暴君，隋炀帝也是实至名归，我们看他是怎么想的：为什么杨玄感一号召就有十多万人响应？那是因为天下人太多了，人太多不好管，该怎么办呢？不如把这些人都杀了，还能惩前毖后。做皇帝的自绝于人民，不把老百姓当人看，那就别怪老百姓豁出去性命也要推翻你了。

实际上，隋大业七年（611年），隋炀帝征召士兵准备攻打高句丽之时，长白山（今邹平南）和山东地区（今太行山以东地区）就有人率众起义。杨玄感举兵叛乱虽然失败，但客观上为各地农民起义的发展创造了有利形势，且数量众多、力量分散的农民军逐渐走向联合，规模十万人以上的造反队伍不在少数。再加上杨玄感兵败之后，隋炀帝错误的处置方式，导致隋朝统治集团内部分裂加剧，之后全国农民起义呈现风起云涌、难以遏制之势。根据《隋书·食货志》"举天下之人，十分九为盗贼"的说法，可以得知，当时老百姓造反已经是流行趋势——日子过得不好，不如造个反吧。

上文讲到隋炀帝问策苏威于帐中，苏威断言杨玄感不懂得审时度势，根本不是聪明人，最后不会形成气候，预测不可谓不准。可惜苏威话说半句，没有挑明，隋炀帝本人难道就是聪明人吗？全国农民起义大流行，他就懂得审时度势吗？

这一年的国内形势颇为不妙，各地农民军队伍从杨玄感叛乱这一事件收到明确信号：原来他们内部也有矛盾啊，这下好办了！那些本打算坐山观虎斗或者在观望的，纷纷忍不住抄起家伙下场，唯恐晚一步连羹汤都喝不上了。这时候的农民起义，无论是从数量上还是规模上看，都远超先前，而且杨玄感没敢做的事，各路农民军头目可不客气——刘元进、向海明、刘苗王、王须拔等先后奔着称帝去了。然而，隋炀帝根本没当回事，他在意的是关陇贵族集团，在意的是军队，这些农民起义不过是小打小闹，地方军就可以轻松搞定。当前最重要的事，还是灭了高句丽！毋庸置疑，这已经成为隋炀帝登基之后的心病，为这一目标付出任何代价都在所不惜，好像只要拿下高句丽，就可以天下太平、岁月静好。内乱已平，三征高句丽，事不宜迟，众爱卿意下如何？此时，大殿之下的朝臣们都学乖了：陛下，您开心就好，我们没有意见！真的没有意见吗？并不是。只不过大家心里都明白，在这样的领导手下做事，不需要有意见，保住自己的小命更重要。

这些朝臣不会忘了，杨广当上皇帝没多久，高颎、贺若弼、薛道衡等功勋卓著的老臣就先后因"诽谤中伤"朝政而死。杨玄感之乱平定后，被无辜株连的同僚更是不计其数，谁还敢说真话提意见呢？隋炀帝一看没有异议，窃喜自己的思想工作终于取得成效，早这样不就完了！于是当场拍板决定：三征高句丽！

二、三征高句丽

两次亲征高句丽而不下，再行征伐之事，民众更加议论纷纷，如何才能堵住悠悠之口呢？"必也正名乎"，隋炀帝是有些文采在身上的，亲自提笔拟下诏书两道。第一道诏书说，我爹之前征伐高句丽就失败了，但不是因为他无能，而是我弟杨谅不是那块材料，高颎又自以为是，最可惜的是战死沙场的将士们了，我会设置祭所和道场，好好为他们的亡灵超度的。看我多么敬宗仁德。第二道诏书说，就算是黄帝、成汤这样的古圣明君，也是经过多次战争才使得天下归附，和他们一比，我出兵两次真的不算多。而且不是我想打仗，实在是高句丽这个边疆小国不守规矩，高元如果现在后悔，那么赶快来洛阳朝拜我，一切都来得及。看我多么励精图治，多么英明大度。

从这两道诏书的行文可以看出，隋炀帝约莫是心虚的，他深知连年征战导致国力衰微，人民生活苦不堪言，所以用黄帝和成汤为自己穷兵黩武的行为正名。但他太不了解百姓生活的疾苦了，老百姓在意的是过上好日子，在意的是柴米油盐这些实实在在的东西，就算过不上好日子，至少生命要有所保障，如果命都保不住，大隋的威严与他们又有何干呢？与此同时，朝廷一道战争动员令下来，地方官员的征兵工作也不好做，上面要对领导分派的任务负责，下面如果百姓闹事儿直接找的又是他们。这种情况下，各地官员都是不求有功，但求无过，尽量维持和谐与稳定了。

第二次亲征高句丽之后，隋炀帝更加倾向于认为府兵无法满足东征的需要，因此决定推行募兵制，准备从民间征召更多精壮兵力以扩充骁果军。然而，从隋大业十年（614年）二月下诏征兵，到三月十四日隋炀帝的御驾到达涿郡，各地征调的兵马并没有会合完毕。更让人忧虑的是，随着部队向东一路挺进，对战争的恐惧情绪在军中迅速蔓延，出现了大量士兵逃跑的情况。三月二十五日，大军行进至临渝宫（在今河北抚宁），隋炀帝做了一个残忍的决定，他要用铁血的手段震慑所有的士兵，让他们彻底打消逃跑的念头，当然这同样需要正名和仪式感。于是，隋炀帝搞了一个典礼祭祀黄帝：黄帝"凡五十二战而天下咸服"，我杨广必将像远古的黄帝一样建立如此丰功伟业，所有临阵逃跑的士兵逆天意而为，我将用他们的鲜血涂满战鼓，让战争的意志更加坚不可摧！总之一句话，这仗我必须打，你们还敢跑吗？

那么，问题来了，士兵见了这等场面，到底还敢不敢逃跑呢？当然是跑了！逃跑还有一线生机，去高句丽打仗则无异于送死。隋炀帝一通操作之后，结果跑的人更多了。这边部队行军一团糟糕，后方形势更加不妙。前文提到，各地的叛乱原本就此起彼伏，朝廷的征兵令一下，如同给国内的叛乱形势浇了一桶汽油，以至于星星之火渐成燎原之势。老百姓开始只是不想当兵，后来发现"官逼民反，民不得不反"，与其战死沙场尸骨无存，不如起兵造反，说不准还能落个全尸。这样，一方面老百姓不再安心种地，另一方面还纷纷参加起义军，到处抢钱抢粮，多处粮仓被洗劫一空，贵族、富豪损失惨重。七月十七日，隋炀帝一行到达怀远镇，而打仗所需人力、物力和财力，"三力"依旧匮乏，处境极为尴尬。

大隋尚且如此，高句丽作为一个小国，地不大，物不博，经过与大隋的两次战争，国力早已捉襟见肘。为了抵抗隋朝大军的进攻，高句丽几乎是全民皆兵，战争伤亡导致人口急剧减少不说，连农业生产都耽误了，要说与大隋继续抗衡，它还真没有那个实力。

这次东征，隋军仍然采取水陆并进的战略，海军主帅来护儿率部到达毕奢城（今辽宁省大连市金州区大黑山上，又称卑沙城），高句丽派出精锐部队迎战，大有破釜沉舟之势，不想却大败而归。来护儿将俘虏的高句丽将士斩首千余，全军士气大振，一路朝平壤挺进。此时，平壤城中的高元清楚地意识到，国家存亡在他一念之间，即使有一万个不愿意，他也只能先选择投降示弱，不然高句丽有灭国之危。于是高元遣使请降，同时将去年投奔高句丽的杨玄感同党、兵部侍郎斛斯政五花大绑，交由隋炀帝处置。高元深知隋炀帝好面子，三次御驾亲征的心结也是因为他没有奉诏进京朝拜，不就是表个态吗，大丈夫能屈能伸！隋炀帝面对国内动荡的局势，本来对打赢这场仗就颇有疑虑，现在高句丽不战而降，虽然不解恨，但也算达到了目的，就此决定班师回朝，等着高元进京朝拜请罪。

隋炀帝有作为皇帝的考量，但接到撤军的命令，来护儿可不这么乐观。之前的两次征伐，他遇到的是高句丽军民的殊死抵抗，他明白，这体现的不仅是下层的决心，更是高句丽王的意志，恐怕这次投降也是高元的缓兵之计。作为长年在第一线作战的老将，来护儿深知，只有通过真刀真枪战斗得来的胜利才是胜利，只有让敌人真正尝到失败的滋味、体验过失败的恶果，他们才会心悦诚服地投降，但他的进言还是没能改变隋炀帝撤兵的旨意。一番深思熟虑之后，来护儿做了一个大胆的决定，他要将高句丽彻底打垮，让高元再无翻盘的可能。于是，他聚集众将士，发表了一番振奋人心的言辞："各位将士，我们三征高句丽，牺牲了多少兄弟的生命，付出了多少血和泪的代价，这一次如果遵旨回师，各位心里应该明白，我们此生再也不会站在这里，拥有彻底打败高句丽的机会。高句丽如今国力衰微，大家也看到了，平壤城外的野地里连野草都没了，以我们现在大军的实力和战斗力，只要迅速出兵围攻平壤，必能进献捷报而回！各位兄弟们，你们就甘心放弃这样的大好时机吗？"来护儿的话铿锵有力，老将的英武霸气感染了在场的每一位将士。

谁说不是呢！连年的征战到底得到了什么？身边的同袍兄弟眼见着越来越少，这次就算不为建功立业，也要为兄弟们报仇啊！只见大帐之内，将士们个个积极响应，摩拳擦掌，恨不能马上杀到平壤，活捉高元。正当来护儿想要下达军令的时候，只听一个声音响起："大将军且慢，此事万万不可！"

三、班师回朝

来护儿为出击平壤做战争动员工作，眼见着得到大多数部下的支持，行军长史崔君肃站出来说话了："皇帝圣旨已下，我们身为人臣应该遵守才是，万万不可违抗君命啊！"明明胜利就在眼前，却要因为一道圣旨轻易放弃，多年实战经验练就的直觉告诉来护儿，这次必须乘胜进攻，否则后患无穷。想到这里，他更加坚定地说："兄弟们，我们一起出生入死多年，难道我的话你们还信不过吗？我没有听说过，将士于千里之外打仗，还要受制于成规的。这是一场必须打的仗，如果皇帝怪罪下来，所有罪责本人愿意独自承担，与众位无关！"

崔君肃见众人心向来护儿，便警告说："如果各位执意要违抗圣旨出兵，你们一定知道我会怎么做，你们就等着获罪吧！"众将士心里都很明白，眼前这位相貌平平、看似平庸的长官不是等闲之辈，抛开他是隋炀帝的表舅这一皇亲国戚的身份不论，他所在的清河崔氏家族可是天下有名的五姓七望之一，连皇帝都不敢轻易得罪，就更别提崔君肃还曾游说西突厥与大隋组成军事联盟，消灭了吐谷浑，大大减轻了大隋来自西北边境的压力，深得隋炀帝的信任。这样的人在皇帝那里是绝对有发言权的，这一番威胁的话让空气凝重起来，大帐之内陷入长时间的沉默。大家都心知肚明，自己这条命战死沙场不足为惜，但隋炀帝暴怒之后丧心病狂的手段，又将酿成什么样的后果呢？没有一个人敢抬起头直视来护儿。来护儿环顾众人，不由得深深地叹了口气，老天注定不让高句丽灭国，他一个人终究改变不了历史啊！一夜无话，第二天，来护儿决定奉诏班师回朝。

高元遣使请降，上谢罪表自称"辽东粪土臣元"，这称呼把隋炀帝逗得哈哈大笑，两次征伐高句丽而不下的愤懑之气一扫而光。辽东粪土臣元，你不是很厉害吗？你不是很傲娇吗？最后还不是得乖乖臣服于我大隋！还是那句话，大丈夫能屈能伸，忍常人所不能忍，卑微如粪土又如何，只要得一线生机，保住高句丽二十六世的基业，高元认为，自黑一下根本不算什么。奈何隋炀帝当真了，一封谢罪表就把他哄回了洛阳。隋炀帝心情大好，得空还去长安视察一番，看看关陇贵族们安分与否。但这时候隋炀帝心里已开始犯嘀咕：高元怎么还不来磕头认错？

十月的某一天，隋炀帝终于按捺不住，主动给高元写了一封信，征召他速速入朝觐见。果不其然，高元再次爽约。要说隋炀帝"太傻太天真"，那绝对不是，但是在对待高句丽投降这件事上，属实过于轻信。都城现在已经处处是大朝会的装扮，树上挂满五颜六色的缯绢彩带，皇城前的门街上舞乐、杂耍等百戏通宵达旦，仪仗队伍恨不得排到几十里以外，就是为了炫耀大隋帝国万邦来朝的气派，而其中的重头戏无疑是高元入朝服臣礼，这是多好的向四方夷狄示威的机会啊！这次隋炀帝算是丢脸丢到国外去了，他胸中的悲愤难以遏制："高元，你个粪土之臣，竟敢放我鸽子！你等着，不灭高句丽，我杨广誓不为人！"天子之怒，伏尸百万，血流漂橹，隋炀帝恼羞成怒之下，当即下令三军整装待发，准备发动对高句丽的第四次战争，他要血洗辽东半岛。

　　然而，此时有朝臣奏禀：近来各地盗匪四起，农民起义已成气候，地方政府运转不灵、无力治理，国家一片混乱。当下，陛下应以苍生为念，以安定国内局势为要，否则社稷危矣！实际上，隋炀帝自己最清楚国家是什么形势，只不过一腔怒火无处发泄，征伐高句丽的事只能暂时作罢，但是叛臣斛斯政不可轻饶！十一月的这一天，隋炀帝命人将斛斯政押解至长安城金光门外的柱子上五花大绑，下令群臣将其乱箭射死，之后把他的肉割下来要求百官吃掉，以吃的多少及是否痛快，表示对皇帝的忠心程度。按说这已经是丧心病狂了，最后隋炀帝还命人将他的余骨焚烧撒掉，至此才算一泄心头的愤恨。

当时国内形势混乱不堪，以至于讨伐高句丽的隋军回来之后没能休整，即时投入到了各地平乱的战斗中。这其中业绩突出的首先要数来护儿的第六个儿子来整。来护儿本就是大隋不可多得的猛将，俗话说"虎父无犬子"，来整骁勇异常，完全不输他的父亲，他带领的部队开进山东和河北战场之后，起义军闻风丧胆，暴乱的局面得到了很大的缓解，有诗《长白山歌》为证："长白山头百战场，十十五五把长枪。不畏官军十万众，只怕荣公第六郎。"这是以农民起义军为视角的一首民歌：长白山头到处都是起义军的天下，我们的战士手握长枪，严阵以待。我们不怕十万余官军的进犯，只怕荣国公来护儿的第六个儿郎。来整及其军队的训练有素，连敌人都不敢小觑。

在平乱战争中，比来整更厉害的人物是张须陀。《隋书·张须陀传》说他"性刚烈，有勇略"，刚成年的时候，张须陀就在名将史万岁手下做事，后来又跟随杨素平定了汉王杨谅的作乱。大业年间，担任齐郡丞，曾经未等诏书下达，就先开仓赈济百姓，可见是个有勇有谋，对百姓有仁德之心的人。然而，这一放粮之举，对于当地百姓凄苦的生活来说只是杯水车薪。隋大业七年，王薄在长白山（今山东章丘）发动起义，打响了隋末农民起义的第一枪。要说这王薄，也不是等闲之辈，至少有相当的文化水平，写过一首很有名的《无向辽东浪死歌》："长白山前知世郎，纯着红罗锦背裆。长槊侵天半，轮刀耀日光。上山吃獐鹿，下山吃牛羊。忽闻官军至，提刀向前荡。譬如辽东死，斩头何所伤。"号召百姓不要跟着隋炀帝去辽东送死，跟着我王薄有肉吃！要不是遇到张须陀，这位绝对是成大事者。大业九年，王薄与孙宣雅、郝孝德组成十余万人的起义联军，攻打章丘，张须陀只率两万官兵迎战，就将王薄一众打得落花流水，从此威名大振。大业十年，张须陀因功被拔擢为齐郡通守，领河南道十二郡黜陟讨捕大使，负责河北部分地区、河南大部、山西、山东、江苏和安徽等一大片地区的平叛工作，可见隋炀帝对他的信任程度。这不仅因为他本人能干，还因为他手下有两员大将：罗士信和秦琼！

藏在预言里的杀机

一、秦琼和罗士信

　　隋末唐初英雄辈出，《隋唐演义》中有所谓"四猛""四绝""十三杰"，其中"四猛"包括：第一位今世孟贲罗士信，第二位铁枪大将来护儿，第三位四宝大将尚师徒，第四位八马将军新文礼。罗士信力大无穷，人们以为他是四肢发达、头脑简单的傻小子，实际上并不如此，可惜天妒英才，他年纪轻轻就去世了。至于秦琼秦叔宝，在民间更是具有相当高的知名度，其传奇程度远远超过各种文学作品中所描述的，一些小说中对他武力值的排名也有失公允。这两个人的故事很多，咱们先来说说二人是如何一战成名的。

　　隋大业十年，罗士信还是个未成年人，才十五岁。不可思议的是，罗士信十四岁时就通过了张须陀的"入职考试"。彼时张须陀准备出兵讨伐起义军，罗士信毛遂自荐，请求效力于他的麾下。张须陀看着下面站着的这个十四岁的毛孩子哭笑不得，但又不想直接拒绝，就对他说，你这小身板，军中最小号的铠甲对你来说都太大了。罗士信回答说，这有何难？说话间将两件铠甲套在身上，背起箭筒飞身上马，众人还未定神之际，罗士信已经一箭射中远处百米外的靶心。以张须陀的阅历，什么厉害人物没见过，但眼前这位小小少年的表现还是让他惊叹不已，当即决定将罗士信留在身边。那么，罗士信到底有多勇武呢？别人上阵杀敌，都是取敌人的首级回来请赏，唯独罗士信因为杀敌太多，首级不好携带，于是割下鼻子代替，这个癖好令敌人闻风丧胆！

同年十二月，涿郡起家的起义军首领卢明月率十万大军浩浩荡荡攻入下邳（一说祝阿），张须陀领兵一万余前去镇压。兵力如此悬殊还不是最要紧的，毕竟官兵经过正规训练，没想到的是，两军对峙十余日，张须陀部队的粮草告急了。情急之下，张须陀只能冥思苦想撤兵之计，他问部下："我们现在兵力单薄，卢明月再清楚不过。如果我们现在撤军，他一定会急着带领主力部队追击，敌营的留守力量必定不足。如果我们去劫营，说不准能出奇制胜。但是各位都清楚，这项任务非常危险，谁愿意担此重任？"众将士面面相觑不敢言语。有了金刚钻，敢揽瓷器活儿，这时秦琼和罗士信对视一眼，同时向前一步："属下愿去一试！"

这一天夜色转深，张须陀率领主力部队开始撤退，秦琼和罗士信带领一千精兵埋伏在敌营外的芦苇丛中。眼见着卢明月率众出营，一路追杀而去，秦琼和罗士信先带一小撮人马沿着栅栏飞身跃入营内，大营中还有少数士兵留守，看到有人劫营大吃一惊，正要反抗之际，秦琼和罗士信已经杀到近前，手起刀落，十几个士兵人头落地，营内顿时陷入慌乱之中。两人合力打开营门，等在外面的兄弟们早就按捺不住，瞬间冲了进来，按照原计划四处放火，整个大营燃烧在一片火海之中。本来就乱作一团的敌军更加混乱了，一时搞不清是该先救火还是先杀敌。早已追远的卢明月听到后方传来嘈杂声，回头一看，自己的大营火光冲天，于是立即下令停止追击，回营救火。就在这时，张须陀率部已经杀将回来，与秦琼和罗士信一众两面夹击，杀得卢明月部队溃不成军，卢明月好不容易带领百余骑兵杀出重围，算是捡回了一条性命。张须陀与两人默契配合的这场以少胜多的战斗，让投入在国内平叛战场的隋军兄弟们士气为之一振，山东与河北的叛乱局面也明朗了许多。

隋炀帝接到战场的捷报，内心十分欣慰，想到张须陀数年来平乱，战功卓著，罗士信年纪轻轻却骁勇善战，认为这样的典型必须表彰，号令三军学习，于是赶紧命令宫廷的画工画下张须陀、罗士信的战斗形象，并且把他们的画像上交至内史省。

二、祸起李姓

就在各地隋军积极镇压农民起义之时，一则谶语开始甚嚣尘上，打破了朝堂短暂的平静。原来隋炀帝第三次东征高句丽之时，遇到一位名叫安伽陀的方士，他自称精通图谶，告诉隋炀帝说，图谶显示"当有李氏应为天子"，并且提出一个大胆粗暴的建议：为了杨家基业的稳固，应该把天下姓李的人杀光！

隋炀帝一听，大为震惊。要说中国古代，大多数人都相当迷信，统治者因为辛苦建立功业，对谶语之类尤为敏感。在社会动荡的时候，谶语会比和平年代更为流行，往往是因为人们对现实生活缺乏安全感，因此对未来改朝换代进行预测。虽然站在今天回溯历史，谶语大多是有心人操弄政治的舆论工具，但确实也有不幸言中的例子。比如秦始皇因为寻仙问药找到一本书，其中就有"亡秦者，胡也"的说法，秦始皇以为"胡"是指匈奴，于是又是修筑长城，又是攻打匈奴，没少忙活，结果谁能想到，秦朝最后毁在他的小儿子胡亥手里了。

因此，"当有李氏应为天子"这么一条谶语摆在隋炀帝面前，他还是心慌慌啊。隋炀帝本是极度自信的男子，但国内外形势已经乱套了，他对自己的治理能力多少有点儿心虚，而且杨玄感叛乱之后，他每天都觉得有人在大殿下盯着皇帝的宝座。那么，现在该怎么办呢？难道真的大开杀戒，灭了天下李氏一姓？这绝对是异想天开，暴虐如隋炀帝也干不出这种事来。那么，假装没有听到，就让一切都随风？不行不行，总还是觉得有刁民想害朕！信与不信之间，杀与不杀之间，隋炀帝百爪挠心，到底是哪个姓李的预谋造反呢？他思前想后，还是觉得敌人一定潜伏在关陇贵族集团内部，普通老百姓搞个起义成不了气候，于是命人暗中排查姓李的皇亲国戚和朝堂重臣。

关陇贵族集团的发端是西魏的八大柱国、十二大将军，这八大柱国、十二大将军不仅掌握着王朝的军事命脉，而且构建了国家的统治核心，是整个关中地区最为显赫的二十大家族。其中，姓李的有三家：一是八大柱国之一的魏国公李弼，他的曾孙就是与杨玄感一起造反的李密，杨玄感兵败之后被捕，后来逃脱了，此时正亡命天涯；第二个也是身为八大柱国之一的唐国公李虎，他的孙子就是大名鼎鼎的李渊；三是十二大将军之一的阳平公李远，他的孙子是时任将作监的李敏。本来是权势显赫的贵族，如今成了意图谋国的可疑分子。这三位李姓贵族后裔万万没想到，人在家中坐，祸从天上来。祸从天降，谁也挡不住。

"李氏当为天子"的传言，让隋炀帝睡觉都不踏实，马上从天潢贵胄中拉出了清单，李密、李渊和李敏榜上有名。今天的我们看到这个清单，肯定大呼：杨广机智！就是李渊后来夺了你的天下！快杀了他！"后之视今，亦犹今之视昔"，就如我们不能判断今天的历史究竟如何走向，当时的隋炀帝也不知道最后是李渊革了大隋的命。在当时杨广的眼中，身边的将作监李敏可是篡夺天下的"头号种子选手"。为什么这么说呢？

首先是因为李敏身世显赫。要论祖上的身份，李密和李渊可远远超过李敏，毕竟祖爷爷或爷爷是上柱国，李敏的爷爷不过是大将军，且大将军一共有十二个呢。但是别忘了，风水轮流转，李敏的叔爷爷李穆就厉害了，杨坚还是北周宰相辅政的时候，意图篡夺天下，当时遭到尉迟迥等老臣的起兵反抗，是因为李穆坚决站队杨坚，隋朝才得以建立。从这个意义上来讲，李穆是隋朝开国的第一功臣，就连李穆觐见的时候，杨坚都得亲自起身相迎。李穆不仅因此自己稳坐太师椅，他的所有子孙，甚至襁褓中的婴儿都官拜仪同，一家有一百多人位居高位，满门的荣光前无古人，后无来者，可以说是隋朝第一贵族没差。而且，李敏的父亲李崇也是英雄人物，他在开皇三年（583 年）任幽州总管的时候，为了抗击匈奴入侵英勇殉职。所以，李敏还很小的时候，就已经是有名的人物了，被隋文帝杨坚养在宫里，袭爵广宗县公。这么一看，是不是李密和李渊的身世就差远了？

再有，李敏是标准的皇亲国戚，他的结发妻子就是隋炀帝的外甥女、隋文帝最宠爱的外孙女宇文娥英。隋炀帝的大姐杨丽华十二岁的时候被北周武帝宇文邕赐婚于太子宇文赟，本来宇文赟即位后，杨丽华成了名副其实的北周皇后，日子应该过得不错，结果宇文赟整日沉溺于酒色，根本不在朝政上用心，还别出心裁立了五个皇后，绝世的一份好姻缘碎成一地玻璃碴。这还不算完，自己的老爹又把老公家的天下夺了，杨丽华心里甭提多郁闷了，就此与杨坚产生了隔阂。杨丽华只有一个女儿唤作宇文娥英，杨坚对自己的女儿本来一直心怀愧疚，因此对宇文娥英格外宠爱。宇文娥英长大成人，到了出嫁的年纪后，并没有像一般的宗室女子婚姻由皇帝做主，隋文帝允许她自己选择丈夫。据说，杨丽华当时在弘圣宫展开了"海选"活动，拉上一道帷帐，自己和女儿坐在后面，让参加海选的贵族子弟在帷帐前做自我介绍并展示才艺，和今天的面试差不多。贵族的公子哥儿们哪个不想与皇帝家攀上亲戚，每天来参加海选的就有上百人，一连进行了几天，愣是没有一个入杨丽华和宇文娥英眼的。直到李敏出场，隔着白纱帐，小伙子仪表堂堂，风度翩翩，让宇文娥英怦然心动。李敏不仅人长得帅，而且会玩乐器，擅长骑马射箭，放在今天也必定是无数美少女追求的对象。"只因在人群中多看了你一眼，再也无法忘记你的容颜"，李敏脱颖而出成了隋文帝的外孙女婿，事业上更是如日中天。

　　综上，李敏被锁定为谶语的最大嫌疑人，本来隋炀帝顾念自己的外甥女，让李敏自杀以证清白，但是李敏怎么可能就这么平白认栽呢？于是情急之下，他去找堂叔李浑商量对策。不商量则已，一商量更是犯了大忌，坐实了隋炀帝心中的猜忌：李浑的父亲就是前面提到的隋朝第一开国功臣李穆，李家势力之大仅在杨家之下！

更糟的是，李浑先前就与自己的大舅哥宇文述结下了梁子，宇文述一见隋炀帝对李浑和李敏产生了怀疑，心中大喜，老天终于开眼了！他跑去对隋炀帝说："古往今来，方士的话必然言出有因，不可不信。不瞒陛下，李浑近来行动十分可疑，整日与李敏等人在宅中相聚，还鬼鬼祟祟、屏退左右，不知究竟在密谋什么，恐怕是见不得光的事情。陛下一定要当心啊，以免事后悔之晚矣！"隋炀帝一听震怒，当即命宇文述负责追查此事。

三、隋朝冤案

背上莫须有的罪名，李浑和李敏全家锒铛入狱，令整个朝堂大为震动。而宇文述的手段此时显得更加卑劣，他似乎很懂

"脆弱啊，你的名字是女人"，提审不找李浑，不找李敏，专门找宇文娥英下手，对她一通吓唬："夫人啊，您是皇帝的外甥女，没了李敏，未来也不愁找到好男人，李敏和李浑都是图谶中所说的危险人物，没有活路了。当务之急，夫人应该听我一句劝，寻求自保，才是聪明的女人。"

宇文述使出此等下流手段，当然有揣摩圣意的成分，但主要还是因为与李浑有私仇，他本人心理阴暗，见不得别人好。历史上，同类型的人可不少：秦汉的酷吏，明朝的锦衣卫、东厂和西厂的太监，他们为了祸害别人，擅长罗织罪名、严刑逼供、屈打成招、敲诈勒索，什么见不得光的手段都能用上，只要别人生不如死，他们就有一种快感，心理的变态程度是一般人理解不了的。这帮人像大瘟疫一样，可以把整个天下搞得乌烟瘴气，最后政权是不是毁在这帮人手里都不知道。但俗话说得好，"善恶到头终有报，高飞远走也难逃""人恶人怕天不怕，人善人欺天不欺"，种什么因得什么果，宇文述和他的两个儿子宇文化及、宇文智及就是妥妥的现世报，这段暂且按下不表。

接着说宇文娥英。宇文娥英从小含着金汤匙出生，哪里见过这种阵仗，自从下狱，在一摸黑的监狱里待了几天，崩溃到怀疑人生，听了宇文述这一番话，头脑彻底发热："求大人向舅舅求情，只要饶我一命，让我做什么都行。"宇文述心里大呼有戏，于是对宇文娥英说："你可以这么说，李家确实有意谋反，李浑曾经告诉我丈夫李敏说：'你的名字应了那个方士的图谶了，天下应该是你的。当今陛下穷兵黩武，百姓苦不堪言，这也是天意要亡了大隋。如果陛下再次东征高句丽，你和我必然会被任命为大将，每个人率领的部队有两万兵马，这样加起来就有大约五万人。再加上我们家兄弟子侄多，到时候动员他们都去应募，以我们李家的背景，应该都能当主帅。到时候领兵分散到各支部队中，待到时机成熟，我和你先带人马袭取陛下的御营，然后兄弟子侄再在各支部队中呼应，把部队将领拿下。一天之内，天下就是我们李家的了。'"这不就是赤裸裸地让宇文娥英谋杀亲夫吗？宇文娥英又不是傻，怎么可能答应呢？

万万没想到，她就真的答应了！人被折磨到一定份儿上，智商下线，抛弃良知，丧失底线，什么都干得出来。此时宇文娥英智商已经下线了，不仅让说啥说啥，还要求宇文述再口述一遍，她好逐字记录，避免遗漏。隋炀帝拿着供状，激动得流下了男儿泪，握着宇文述的手说："要不是亲家公出马，我大隋的江山社稷就完蛋了！"可怜的是，李浑和李敏两家、宗族共三十二人的性命都无辜交待在了宇文娥英的手里，三族之内的亲属也被流放岭外。宇文娥英本以为自己可以保住性命，结果几个月后，还是收到了隋炀帝这个亲舅舅送来的一壶毒酒，最终香消玉殒。

一句谶语灭了关陇第一贵族李穆一家，这个案子无疑是隋朝最大的冤案。然而，隋炀帝没想到，自己的江山社稷非但没有因为灭掉李浑和李敏变得更加稳固，反而让所有的勋贵们瑟瑟发抖，朝堂之上人人自危，每天醒来都得摸摸脖子上的脑袋是否安好，根本没有心情好好工作。

李浑和李敏被处死后，隋炀帝并没有消停，他又觉得李渊很有天子范儿。前面提到李渊身世显赫，祖父是八大柱国之一的李虎。此外，他和隋炀帝也有亲戚关系，他的母亲和隋炀帝的母亲是亲姐妹，两人也就是两姨表兄弟。当时，李渊正奉命镇守弘化郡（今甘肃庆阳、华池等县地），有相对独立的兵权。隋炀帝征召李渊觐见，李渊只想有多远躲多远，难道还要千里送人头？赶紧装病保命！

隋炀帝心里更加猜忌，就把李渊的外甥女，后妃王氏叫到面前问："你舅舅怎么回事，命他入朝还敢怠慢？"王氏只好解释说："舅舅长年在外征战，恐怕是身体劳顿、积劳成疾，不然早就来拜见陛下了。"隋炀帝心里一阵发狠，说道："这么恰好就生病了，怎么不见他病死啊？"王氏吓得花容失色，不知如何言语。李渊听说后，越发确定隋炀帝杀心已起，必须想办法自保。于是，他开始不务正业、收受贿赂，并且整日在家花天酒地。隋炀帝听说之后，反而放心了，这怕不是个草包吧？！很好很好，朕心甚慰！

隋炀帝这一通操作，他自己是踏实了，却是置大隋江山于累卵之上。多少像李渊这样的忠臣良将不敢积极敬业了，只敢在家消极怠工，统治集团内部的裂痕难以修补。这对国家而言是一场无声无息的灾难，隋朝的政局从此江河日下。

东突厥之乱

一、来自东突厥的威胁

　　一边是农民起义如火如荼，一边是统治集团分崩离析，隋朝政局可以说是四面楚歌。在坏得不能再坏的情势下，结果又出大事儿了！大业十一年二月，盗匪王须拔和魏刀儿在河北同时起义反隋，部众很快发展到十余万。前面也说了，这时候的农民造反流行称帝，魏刀儿拥护王须拔建立燕国，历史上称为"王燕帝国"或"漫天帝国"，王须拔自称"漫天王"，魏刀儿作为副帅，有一个更拉风的名号"历山飞"，一听就是不太好惹的响马。同年三月，隋炀帝巡视晋阳（今山西太原）。

　　全国这么多地方都造反，为啥隋炀帝唯独这么重视王须拔和魏刀儿呢？原来，这二人虽然是土匪头子，却是由境外势力支持的土匪头子。要问哪位这么大胆，敢煽动反隋？！东突厥的始毕可汗是也！

　　追溯起来，隋朝两任皇帝对突厥没少花功夫。从隋文帝杨坚登基开始，突厥就露出它的狼子野心，多次发动入侵战争，隋文帝采用"远交近攻，离强合弱"的战略方针，导致没什么中心思想的突厥内部矛盾重重，最后被打成两半——东突厥和西突厥。东突厥不仅完全臣服于隋朝，启民可汗作为隋朝扶植起来的首领，甚至成为保卫隋朝北部边境的"牧羊犬"，多次上表保证："愿保塞下。"启民可汗的儿子始毕可汗继位之后，就没这么老实了。尤其是隋炀帝三征高句丽的时候，东突厥趁机发展起来，国力的逐渐强盛使得它不再甘心做隋朝的附属国，开始时不时搅和一下隋朝的内政，支持北方的反动势力闹点事儿，比如王须拔、魏刀儿这伙人把山西、河北搞得一团糟，让隋炀帝很是头痛。在这种情势下，派将领去平乱显然只能治标，不能治本。于是，隋炀帝准备拿出当年率大军北巡的阵势，让始毕可汗像他的父亲一样，感受一下大隋帝国的排场，甘心继续做他的小弟。假如始毕可汗识相，说不准隋炀帝还能游说他帮着讨伐高句丽，毕竟打仗这种事儿，游牧民族更优秀。不得不说，隋炀帝不仅长得美，想得更美，他太小看这位始毕可汗了，他远比他的父亲更有雄心壮志，不再安于现状。这也不能怨人家，隋朝政局在危险的边缘疯狂试探，相反东突厥的国力蒸蒸日上，古往今来，国家都是靠实力说话的。更何况，隋炀帝做了几件不厚道的事情让始毕可汗心里大为光火。

首先，改变支持东突厥的政策，转而扶持西突厥。隋朝对东、西突厥的战略一直是离间强部，扶助弱部，使其内部形成制衡力量，以分散对隋朝的压力。东突厥在隋朝的扶持下日益趋强，开始对大隋北部边境形成压顶之势，所以这个时候，隋炀帝决定扶持西突厥，并且把宗室女封为信义公主，嫁给了西突厥的泥撅处罗可汗。

其次，意图扶持始毕可汗的弟弟咥吉设，在东突厥内部形成分裂力量。想当年，隋文帝就是采取长孙晟的建议，扶持实力较弱的突利可汗牵制都蓝可汗，在突厥内部形成了二虎相争的局面。如今，民部侍郎裴矩也没什么新的法宝，见东突厥势大，于是建议隋炀帝故技重施，选一名宗室女嫁给始毕可汗的弟弟咥吉设，并封他为南面可汗，让东突厥再度陷入内战。可惜，再好的策略短期内用两次，效果也会大打折扣，而且东突厥虽然是游牧民族，但也懂得吸取历史教训，面对这么大的诱饵，咥吉设愣是不为所动，又或者是他本人太弱，压根儿没有对自己上位抱有幻想。总之，偷鸡不成蚀把米，这下还打草惊蛇了，始毕可汗知道之后非常恼火，知道这睦邻友好关系已经发生根本性变质。

还有一件事，裴矩设计诱杀了始毕可汗身边的谋臣。裴矩认为，自己的离间计之所以被东突厥拆穿，罪魁祸首就是那些混在东突厥部落里的狡诈胡人。于是和隋炀帝说，这些胡人坏得很，尤其是其中的一位，净给大隋坏事儿，必须斩草除根！

隋朝与东突厥关系交恶，一方面是隋炀帝在东突厥的内外反复搞离间制衡的把戏，另一方面是杀掉了始毕可汗身边的红人。原来，裴矩向隋炀帝建议，东突厥人本来挺纯朴的，非常好对付，就是一帮胡人当政，把好好的人都给教坏了，这其中有一个人必须除掉，他就是始毕可汗的军师——粟特人史蜀胡悉。

粟特人就是我们通常所说的胡人，还有昭武九姓、九姓胡等称呼，原居住在中亚地区的阿姆河、锡尔河流域，后来有不少迁到了东突厥地区。他们是相当出色的商业民族，频繁往来于中亚和中国之间，是丝绸之路上的活跃角色。由于在国际贸易方面表现过于优秀，他们干脆扩大"经营范围"，承担起各国之间的外交业务，因为视野开阔、头脑灵活，所以不少人给东突厥高层出谋划策，深受统治者的信任。

史蜀胡悉是这些智囊中最突出的一位，启民可汗在位的时候就得到重用，现在是始毕可汗身边的宠臣。经过几次设计不成，隋炀帝早已视史蜀胡悉为眼中钉、肉中刺，欲拔而快之，裴矩此计一出，他是拍手叫好，命裴矩亲自去解决了他。于是，裴矩派人告诉史蜀胡悉："皇上现在在马邑大摆珍奇异宝，供蕃内贸易互换，先来的人肯定能换到上等好物。"史蜀胡悉虽然是军师谋士的身份，但骨子里到底还是商人，听说有这等好事，智商迅速下线，连自己的老板都没来得及汇报，就带着部落商队和上等好马连夜赶到约定的地点。结果，刚准备交易的时候，埋伏在马邑周围的军队就冲出来，把史蜀胡悉一众人全部杀光，真是"人为财死，鸟为食亡"，古往今来此言不虚。裴矩不仅利用此计轻易除掉了始毕可汗最厉害的谋士，而且白得了许多彪悍的突厥战马，在那个年头，这品种的优良战马堪比现在最先进的第五代战斗机啊！

解决了史蜀胡悉之后，隋炀帝还派人给始毕可汗送了封信，说："你手下的这位军师突然带领部落人马来到我这里，说是要背叛可汗，请求我收留他。东突厥是我最亲爱的臣子，我怎么能做出这种不厚道的事来呢？我是实在看不过眼，替你把这叛逃分子给清理了，不用谢啊！"这下始毕可汗彻底怒了，这不是把我当傻子玩吗？史蜀胡悉的仇暂且记下，但以后大路朝天各走半边，我东突厥不再是你大隋的小弟！在这种情势下，隋炀帝有了北巡之行。

在始毕可汗看来，这可是隋炀帝亲自送上门来的好机会，前面的几件事他为了大局可以忍，但是在心里的小本上记着呢，必须好生"招待"杨广一番，让他知道东突厥不是好欺负的。一般来说，出兵打仗之前需要召集个集体会议，制定一下战略战术，可惜，突厥人虽然有很多粟特人做军师，可毕竟没有中华文化那么深厚的积淀，什么《三十六计》《孙子兵法》

之类的书根本没听说过，这下彻底省事儿了，干就完了！于是，始毕可汗亲自率领数十万骑兵南下，朝隋炀帝的行营奔袭而去！

二、义成公主

始毕可汗率铁骑突然出击，本可以杀隋炀帝个措手不及，然而，他忽略了身边有一个"身在曹营心在汉"的女人——隋朝宗室女义成公主。这位公主在隋朝历史上是"救世主"一般的存在，她把一生献给了母国的靖边事业，史书上却没有留下她的名字。众所周知，古代女性的命运无法掌握在自己手里，哪怕是皇室公主，但义成公主是个特例，当然，这不是说她逃脱得了和亲的命运，而是当一个人带着使命感和信念去做事，最终效果是不一样的。义成公主遵隋文帝之命去草原和亲，嫁给了启民可汗，可惜这位可汗没几年就因病去世，按照突厥的收继婚制，儿子可以娶除生母以外父亲的所有妻妾，弟弟可以娶嫂子，侄子可以娶叔伯的妻妾。于是，继位的始毕可汗上表请求娶义成公主为妻，得到隋炀帝的允准。在这种现在看来不可思议的婚制下，义成公主先后嫁给四任丈夫，也就是启民可汗和他的三个儿子始毕可汗、处罗可汗和颉利可汗。

既然是和亲，这一前提决定了和亲之人不会有世俗的婚姻幸福，义成公主从远嫁的第一天就知道自己是一颗政治棋子，但她在突厥生活的三十多年里，无时无刻不心系大隋，同时将自己深深扎根在塞外草原上，尽心维系双边的外交关系。她的内心始终忠于自己的王朝，隋朝灭亡后，她救下萧皇后和她的孩子们，甚至想利用自己对可汗首领的影响，为杨家报仇。直到唐将李靖率领大军击败东突厥，颉利可汗成为阶下囚，她仍然怒斥李世民之流是一群乱臣贼子，最终被李靖所杀。

义成公主提前得知始毕可汗要率大军南下活捉杨广，悄悄遣使把这一消息告诉了隋炀帝，让他务必有所准备。这次北巡，隋炀帝的盘算是在始毕可汗面前摆摆排场，强调一下大隋的霸主地位，让东突厥从此不敢造次，所以只带了文武百官、后宫女眷、和尚道士、歌舞演员，一路上在护卫亲军的簇拥下浩浩荡荡，根本没想到始毕可汗会来这么一手，这下把一众大臣都吓坏了："陛下，东突厥兵力彪悍，现在的唯二选择，要么您带领一队亲军突围返回京城，要么就地加强防备等待援军。这可不是闹着玩的，为了大隋的江山社稷，还是走为上策。"朝臣们担心的是国家安危，隋炀帝担心的是自己的面子，于是他下令："众爱卿莫慌张，敌情尽在掌握，传旨下去，按原计划开进雁门关！"

形势变化之快超出隋炀帝的预料，据史书记载，大业十一年八月初五，隋炀帝巡塞北；八月初八，始毕可汗率铁骑数十万南下，义成公主遣使告变；八月十二日，隋炀帝的车驾驰入雁门（今山西代县），隋炀帝次子，齐王杨暕率后军进驻崞县（在今山西忻州崞阳镇）；八月十三日，突厥大军即至，将雁门团团围住。古语说得好："不到黄河心不死，不见棺材不落泪。"隋炀帝看着郡城下黑压压一片的突厥军，方才倒吸一口冷气。真是不作不死！

东突厥大军的攻势如狂风骤雨一般，一天不到的时间里，雁门郡所属四十一座城池就被席卷了三十九座，只剩下隋炀帝所在的雁门郡和杨暕所在的崞县两座孤城。一切来得太过突然，雁门城里根本没有什么像样的防御装备，情急之下，隋军把老百姓的房子都给拆了。这还好说，顶多大家伙儿睡觉以天为被，以地为床，八月天气也不冷，关键城里的粮草只够十五万军民吃二十天的，到时候总不能靠啃树皮草根打仗吧！物资问题也先不提，精神上的打击可以说是摧枯拉朽。突厥军的弓箭不长眼，据说不少羽箭直接飞到了隋炀帝眼前，隋炀帝见了顿时悲从中来，抱着年仅八岁的小儿子杨杲号啕大哭，眼睛都哭肿了。这才是男儿有泪不轻弹，只因未到伤心处，了解隋炀帝的人都知道他骄纵妄为惯了，字典里根本没有"认输"

两个字，现在可好，要"满盘皆输"了，能不痛哭流涕吗？

总不能在这里等死吧！这时，宇文述劝隋炀帝在数千精锐骑兵的保护下突围而出，苏威劝阻道："当下，据守城池是我们的优势，轻骑作战则是突厥兵的特长，陛下是万乘之主，怎么能随意去犯险？"樊子盖接着说："此言甚是，陛下出城，一旦处于危险境地，后悔就来不及了。当务之急，是我们要坚守待援。"说着话，这位年过花甲的老臣忍不住也哭了，"目前确实应该做两件事，请陛下宣布日后不再征伐辽东，并亲自嘉奖有功将士，军心必定振奋，竭力守城。"内史侍郎萧瑀站出来提了个醒："陛下，您别忘了，可汗的妻子可贺敦有权参与军机，如果我们派一名使者去向义成公主求援，公主心系大隋，又一向聪慧过人，必定会事半功倍。"隋炀帝不再哭哭啼啼，拍着大腿惊呼，怎么把这事儿给忘了！当即遣使求救于义成公主。参加北巡的大臣们各抒己见，最后达成三点共识：其一，坚守雁门，同时向外求援；其二，嘉奖守城将士，并拿出具体方案；其三，天下苦兵役久矣，宣布停止征伐高句丽的战争。

隋炀帝亲自巡视军队，对将士们说："你们务必要给逆贼以迎头痛击，如果这次能够保全江山社稷，所有参加战斗的人，以后不愁过上好日子！"同时下令，"守城有功者，没有官职的，直接授予六品官衔，赏赐物品百件；已有官职的，级别和赏赐依次升格。"重赏之下必有勇夫，将士们不分昼夜奋勇杀敌，创造了兵力悬殊下的战斗奇迹。由于郡城被突厥兵围得水泄不通，求援信息十多天都送不出去，据一史料记载，隋炀帝派人把诏书系在木块上，让它顺着汾河水才得以传出去，这种说法未必真，但可以佐证大军围困之下送信之难。

收到隋炀帝十万火急的求救信，义成公主毫不犹豫地站在娘家这一方，她编了一个假情报派人送给始毕可汗：东突厥北部边境有外族来犯，趁着主力部队不在想浑水摸鱼，并且东都洛阳及其他郡城的各路救兵都已赶到了忻口，东突厥军队如果继续攻城，形势非常不利，希望可汗速速回师！始毕可汗拿着情报百思不得其解，明明我搞的是突袭，怎么一下打成了持久战？明明是我入侵大隋朝，怎么自己后院却起火了？所以，再也别说什么"嫁出去的女儿，泼出去的水"了，这话完全是为重男轻女找借口的。放在义成公主身上更是恰恰相反，啥好东西都给娘家留着，啥好事儿都想着娘家，为了救下娘家人，更是不惜让丈夫的霸主事业功败垂成。

隋炀帝的诏令下达之后，涌现出两个勤王的先进分子。第一非江都王世充莫属。王世充的祖上并不是中原人，而是支姓的胡人，后来他爷爷死得早，奶奶改嫁霸城王氏，从此姓了王。说起王世充的成长经历也是相当励志，他没有像过去官宦子弟一样靠父亲的势力去发展，而是自主参军，凭借军功坐到了兵部员外郎的位置。到了隋炀帝时期，担任江都丞兼江都宫监，把江都的宫殿楼阁建造得华美无比，赢得了杨广的欢心。后来江都地区爆发农民起义，王世充奉命镇压，表现非常出色，在这一过程中不仅接管了江都地区的隋军，而且趁机招募淮南兵，扩充了自己的势力。职场升迁，个人努力当然少不了，但运气还是极其重要的。隋炀帝雁门被围，王世充接到勤王的诏书，再一次感受到上天对他的垂青，不假思索地开始了自己的表演。他带着全部人马从江都奔赴雁门，一路上也无暇搞个人卫生，蓬头垢面，除了行军赶路，一天中的其他大部分时间都在失声痛哭，谁也劝不住。睡觉压根儿不脱铠甲，往草堆上歪一会儿就算休息了。虽然从江都到雁门千里迢迢，真要是等着王世充来解围，怕是黄花菜都凉了，但是这事迹传到隋炀帝耳朵里，可把隋炀帝感动坏了，这才是难得的忠臣啊！凭借这一场表演，王世充被任命为江都通守，负责整个江淮地区的防务工作。

再有一个就是后来的唐太宗李世民。自古英雄出少年，李世民这时候才十六岁，得到隋炀帝的诏书，当即应招募投在了左屯卫将军云定兴麾下。云定兴就是废太子杨勇的岳父，要说这个人是真的坏，杨勇被废之后，一路傍上宇文述的大腿。据记载，为了得到杨广的信任，甚至不惜表态说杨勇的儿子，自己的外孙是无用的丧家之犬，劝皇帝杀了算了！坏是坏，没本事照样没本事，还好这时候有李世民给他出主意："始毕可汗敢率兵突袭当今天子，就是认定在仓促之间不会有大批援军赶到。眼下，因为敌众我寡，不能冒着必定失败的风险与突厥短兵相接，同时又不能让敌方了解到我们的虚实，令我军陷入危险境地。现在最好的办法是'虚张声势'，利用现有的人马拉长阵容，让大家挥舞军旗，走出大部队连绵几十里的气势，晚上再让钲鼓交相呼应，如此这般，始毕可汗一定会误以为我们的各路援军已经赶到，最后大概率会望风而逃！"云定兴听后眼睛一亮，小英雄年纪轻轻就有如此胆识和谋略，日后前途无量啊！于是立即下令按照此计行事。云定兴的部队行至崞县，突厥的侦察兵见隋军大部队一路绵延不绝，果然不辨真假，快马报告始毕可汗："可汗，大事不妙，隋朝大批援军已到达！"始毕可汗彻底没主意了，这下该如何是好呢？

大业十一年九月十五日，"突袭"持续到一个月的时候，始毕可汗决定撤军。隋炀帝经此大劫竟能安然无恙，一高兴特赦了晋阳和雁门郡死刑以外的囚犯，十月初三，銮驾终于回到洛阳。但是，隋炀帝没有从惨痛经历中总结经验教训，而是继续发挥不作不死的精神，搞了几件令朝野震惊的事。首先是刚回来就不认账了，以国库空虚为由，公然不兑现许诺给守城将士的奖励，甚至有大臣劝谏他不应该失信时，隋炀帝还反问他是不是收了好处费！更加天怒人怨的是，隋炀帝动议再征高句丽，这下连身边最亲信的禁军守卫都大骂他欺骗大家伙儿，奖励不给就算了，还必须要我们的命？还有，老臣苏威的几次谏言让隋炀帝大为不满，于是安了莫须有的罪名，直接让他回了老家。干完三件大事，隋炀帝一拍脑袋做了个决定：高句丽不打了，准备下江都！

天下都乱成这样了，隋炀帝还要下江都，没有人知道皇帝是怎么想的，大臣们掂量掂量最后放弃较真，天要下雨娘要嫁人，随他去吧！不下江都，说不准又要打高句丽，两害相权取其轻，可见有多无奈了。人难以预知自己的命运，隋炀帝如果知道此去不能复返，还会这么任性吗？

三、隋炀帝南下江都

在历史上，隋炀帝是一个很有争议的皇帝，大家对他的评价呈两极化。我个人认为，他的色彩在人生每个阶段是不一样的，任何一概而论都是不准确的。以三次征伐高句丽为转折，分为三个时期。

首先是从大业元年（605年）到大业六年（610年）。据

《隋书·帝纪》记载，隋炀帝年少时"好学，善属文，沈深严重，朝野属望"，可见他本就文武双全、才华横溢。隋文帝当初撤换杨勇，立杨广为太子，是经过一番思想斗争的。登基之后，他统一疆土，修建大运河，营建东都洛阳，畅通丝绸之路，奠定科举制度，甚至三次派人到台湾（第三次为征讨），使大陆和台湾之间的联系更为密切，这些政策高瞻远瞩，对后世的影响长达上千年。《资治通鉴》评价说，"隋氏之盛，极于此矣"。可见在这一阶段，隋炀帝是有些明君的光环在身上的。

从大业七年（611年）到大业十一年（615年），在之前大兴土木、积贫积弱的情势下，隋炀帝连续发动三次征伐高句丽的战争，导致民不聊生，国力极速衰竭，最后失去了挽回的余地。这一时期，隋炀帝对老百姓严重缺乏敬畏之心，可谓暴君的典型。

从大业十二年（616年）到大业十四年（618年），这一时期国内形势急转直下，隋炀帝深感政局全面失控，充满强烈的无力感，对许多事情已经进退失据、不知所措，所以做出逃避乃至荒唐的举动。"水能载舟亦能覆舟"，谁抛弃人民，最终只会被人民抛弃。隋炀帝浑浑噩噩走到了生命的尽头，也将大隋帝国带向最后的覆灭，无疑是昏君。

为什么说这时候政局已经全面失控了呢？举个例子就能说明。中国古代每逢岁首都要举行大朝会，也就是天子接见诸侯、百官"图天下之事"，并且询问地方的治理情况，相当于现在领导干部一年一度的述职报告。这一朝仪从秦汉直至明清承袭不衰，而且随着帝国的强盛，少数民族政权和附属国的统治者或使节会在这个节日前来向皇帝朝贡，隋朝也不例外。隋炀帝本性好大喜功，每年元日大朝会是他最得意、最风光的时候。然而，到了大业十二年，大朝会基本形同虚设了。高句丽的高元之前就玩赖，根本不可能来；经过隋炀帝一通不明智的操作和雁门之围，隋朝与东突厥彻底交恶，更不用说朝贡；周边的其他少数民族政权看着大隋国力衰微，没有什么油水，也不来了。就连国内，各地朝集使未能参加大朝会的也有二十多个郡，此时遍地硝烟，农民军们揭竿而起，甚至称王称霸，官员们哪还能顺利到得了东都。

从大业八年开始，隋炀帝几乎每天夜里有失眠多梦的症状，常常惊悸而醒，必须要几个妇人像哄小孩一样抚拍着才能睡着。到了大业十二年，这一症状更加严重，有时从梦中惊醒，大喊有叛军要杀他。这一年发生的一件事让隋炀帝的精神状态更加恍惚——大业殿西院起火，隋炀帝以为起义军攻进来了，吓得直接钻进草丛里，大火熄灭才敢出来。除此之外，隋炀帝还变得特别怕黑，派人抓好多萤火虫，晚上净盯着萤火虫看。曾经满怀理想的隋炀帝现在已经有些精神疾病在身上了——皇帝不好做，昏君烦恼多，除了下江南，啥都不想干。

大业十二年七月初十，隋炀帝启程巡幸江都，命自己的长孙，越王杨侗留守洛阳，由金紫光禄大夫段达、太府卿元文都、代理民部尚书韦津、右武卫将军皇甫无逸、右司郎卢楚等人辅佐。安顿好政务还不算完，不能随行的宫女们已经在车驾旁一个个哭得梨花带雨了，隋炀帝是暴君无疑，但也是个男人，根本受不了美人落泪。这位皇帝即使不是至情至性，也是出了名的满腹诗书，当下作诗一首遗赠美人："我梦江南好，征辽亦偶然。但存颜色在，离别只今年。"意思是说，我在梦中都惦记着江南，目前不会有征伐辽东的事情了，所以出去放松一下。你们要好好保重，不要因为思念我颜色憔悴，离别仅在今年，明年我就回来了！这首诗写得相当照顾宫人们的文化水平，没用什么典故，基本是大白话。其实这些宫人才是上天选中的幸运儿，跟着下了江南就有去无回了！

历史上对隋炀帝执意要下江都有很多种说法，有人说他面对分崩离析的国家丧失了斗志，所以选择彻底躺平，于声色享乐中麻痹自己。这种说法有一定道理，但要说隋炀帝此次南下纯粹为了游山玩水、骄奢淫逸地享乐，肯定是不对的。据统计，隋炀帝在位十四年的时间里，其中十三年都有"长途旅行"的经历，可见，他的人生哲学就是"生命在于折腾"。他一生充满雄心壮志，实际上也颇有雄才大略，在位期间开疆拓土、巩固霸业，做了几个彪炳史册的大工程，但他的根本问题就出在对待老百姓的错误态度和自己的刚愎自用上，来看一下他的名言："……天下人不欲多，多即相聚为盗耳。不尽加诛，无以惩后。"天下的人不必过多，人一多就会相聚为盗，如果不把这些人杀光，就不能惩戒后人。建立在错误的人民观基础上的苦心经营的帝国必定轰然倒塌，隋炀帝接受不了这一现实，想找个地方疗伤也是正常的。

从另一个角度来看，隋炀帝下江南可能是为了徐图东山再起，在这前后，他派得力将领去镇压各路农民起义，希望稳定政局。那么问题又来了：既然隋炀帝内心的希望没有破灭，他为什么不干脆待在洛阳或者返回长安呢？这个问题历来存在很多争议，江都是隋炀帝在做晋王时深耕十年的根据地，这里有他昔日的青春和辉煌，更有他未来的根基和希望，是比长安和洛阳更能让他睡得踏实的地方：如果有能力翻身，那么以江都为中心的江南地区可以为他提供较好的民众基础和经济基础；如果没有机会重获旧日荣光，那么划江而治也不失为一种选择。总之，隋炀帝做出下江南的决定后，朝中大臣没少号哭和反对，不少官员甚至因此人头落地。在巨大的代价之下，他还是坚决踏上不归之路。

李密的瓦岗寨求职之旅

一、李密奔逃瓦岗寨

新一波的起义高潮发生在隋炀帝离开洛阳之后。隋炀帝下江南为什么会遭到众多朝臣的反对呢？实际上，这些人有相当的政治敏锐性，知道隋炀帝一旦南下，无异于向心怀鬼胎的各方势力释放以下政治信号——隋炀帝已经放弃对中原、山东等地的实际掌控，这就导致有心人伺机而动。果不其然，在隋炀帝下江都之后，原本的农民起义明显演变为豪门望族、军阀勋贵等的集体造反运动。

波澜壮阔的隋唐乱世正式拉开序幕，十八路反王、六十四路烟尘相继浮出水面，中原板荡，天下分崩，英雄竞逐，鹿死谁手，一切都是未知之谜。惊心动魄的故事即将上演，我们先介绍一下隋末农民起义的高潮。

隋末起义一波未平一波又起，集中的高潮有三个。第一波出现在大业七年，主要集中在黄河流域下游的山东、河北地区。这一阶段，隋炀帝大兴土木，巡幸游乐，为攻打高句丽做准备，征发全国兵民达数百万，其中对山东地区民力征用尤甚，终于激起了大规模的农民起义。起义军头目以农民为主，山东地区的代表人物有王薄、张金称、高士达和刘霸道，河北有孙安祖和窦建德，河南有翟让。第二波起义高潮兴起于大业九年，主要分布在山东和江南地区。受杨玄感叛乱的启发，从这一年开始，各地造反以称王称霸、逐鹿中原为核心诉求。起义军领袖各个阶层都有，既有一无所有的农民，又有富甲一方的地主，既有大字不识的文盲，又有饱读诗书的士族，山东地区以孟让、郝孝德、孙宣雅和格谦为代表，江南以杜伏威、辅公祏、刘元进、朱燮和管崇为代表。第三波高潮出现在大业十三年，即隋炀帝离开洛阳，南下江都之后，主要分布在西北、关中、河东、河西和湖南等地，突出特点是有军阀勋贵加入猎逐的队伍，主要代表有薛举、李轨、刘武周、李渊、萧铣、梁师都和徐圆朗等。这一波起义直接导致了大隋的灭亡。

隋末英雄争霸战说来精彩，但是头绪众多，相互之间又极少交集，具体怎么讲是个技术活儿。有的起义军才刚冒出个尖儿来，就被扼杀在摇篮里，有的头目意志不坚定，见好就收，很快被势大者兼并。再加上有李渊家族这样实力雄厚的造反集团，导致众多副线没有发展出来，争霸大戏就已迅速杀青。各路大佬只能在九泉下齐聚，继续江湖恩怨了，这一段谁也不清楚。

我们就从关陇集团的超级贵族李密说起。李密是典型的官宦子弟，身世的显赫程度不输李渊。前面已经简要介绍，他的太爷爷李弼是西魏八大柱国之一，在各次重大战役中都立下赫赫战功，是正儿八经的大英雄；爷爷李耀担任北周太保，被封邢国公；老爹李宽成为隋朝上柱国，被封蒲山郡公。李密在开皇中叶袭爵蒲山公，是正统、典型的世家勋贵，生下来就具有直接躺平的资格。奈何李密志向远大，继承了李弼的强大基因，太爷爷怎么说的："其实我不用努力，吃吃喝喝也能依靠家族势力终老一生。可大丈夫活这一遭，怎能如此碌碌无为？应该亲历战阵，保家卫国，建立功勋才是！"这也成了李密的立身哲学。身逢乱世，李密感到自己的机会来了！

前面讲到李密参与杨玄感兵变，承担了整体的谋划工作，杨玄感兵败身死，李密从此登上叛国分子黑名单的榜首，开始了流亡生涯。作为被朝廷重点通缉的在逃人员，摆在他眼前的选择并不多，于是他先就近投奔了平原郡的郝孝德。郝孝德是最早起义那一拨农民军领袖，手下聚集了农民数万人，本来是相当有前途的。可惜这人的小民意识根深蒂固，他自认起兵造反只是因为没饭吃，哪懂得什么知人善任，更何况看李密是朝廷通缉的重犯，所以没有给李密相应的待遇。李密怎么说也是满脑子智慧的贵族子弟，哪受得了这种委屈，直接走人了。

天下之大，起义众多，一眼望去却没有李密容身之地。在投靠无门的情况下，李密来到淮阳（在今河南周口）的一个小村落，在这里化名刘智远。为了糊口度日，贵族公子哥李密开始自行创业，在村子里招了几个学生，当上了教书匠。日子就此安稳下来，但可想而知，他心里头有多抑郁。这一天，萧索的秋风刮过淮阳大地，一顿大酒之后，李密想过去看今朝，内心此起彼伏，于是乎，挥笔写下一首诗，名曰《淮阳感怀》："金风荡初节，玉露凋晚林。此夕穷涂士，郁陶伤寸心。野平葭苇合，村荒藜藿深。眺听良多感，徙倚独沾襟。沾襟何所为，怅然怀古意。秦俗犹未平，汉道将何冀。樊哙市井徒，萧何刀笔吏。一朝时运会，千古传名谥。寄言世上雄，虚生真可愧。"初秋时节，秋风乍起，树木萧疏，穷途末路的诗人忧思郁结。中原大地上兼葭和芦苇摆荡，破落的村子里野草丛生。世事纷乱，让人感慨良多，我不禁泪落沾襟。遥想当年与今天的景象多么相似，秦末天下大乱，汉朝治世还未出现，正是英雄大显身手的好时机，大名鼎鼎的樊哙起初不过是个市井之徒，开国功臣萧何也不过是个刀笔小吏，却能够大展宏图、千古留名！世上的英雄们，不要浪费大好光阴，不要让此生留下遗憾啊！李密写完之后是悲从中来，号啕大哭，理想很丰满，现实太骨感。在民风淳朴的小乡村，酒后写诗的行为艺术太过突兀，历史多次向大家证明了，没事不能瞎写诗，特别是不能在陌生的地方写诗，《水浒传》里的宋江不就是因为乱写反诗被抓的吗？

杨玄感叛乱失败后，超级贵族李密成为国家下令缉捕的一级逃犯，从此亡命江湖，开启了奇幻冒险之旅。而他好不容易在淮阳的一个小村子里落了脚，过上教书育人的生活，结果因为酒后情绪失控，写了一首充满大逆不道之词的诗歌，被有心人士告发。淮阳太守赵佗当即派人搜捕，幸好李密提前得到了消息，已经溜之大吉。

　　走投无路的李密逃到隔壁雍丘县（今河南杞县），去投奔他的妹夫、雍丘县令丘君明。丘君明看到大舅子来了，吓了一大跳：作为国家基层公务员，他非常清楚组织纪律，窝藏国家重点逃犯不光自己要掉脑袋，九族之内的亲戚都吃不了兜着走。但这妹夫到底是个实在人，担心衙门内人多嘴杂、走漏风声，就偷偷把他送到了当地游侠王秀才家里。

　　王秀才虽是读书人，但骨子里侠肝义胆，颇有些豪侠气概，看李密出身贵族，却敢于抛弃眼前的荣华富贵反抗大隋暴政，心中十分仰慕，二话不说收留了李密，还把自己的女儿许配给他。在外漂泊流浪两年有余，李密终于过上了普通人的幸福生活，有了落脚地，还进了温柔乡，婚后与王氏琴瑟和谐，本来以为从此岁月静好、现世安稳了，谁知道天将降大任于斯人也，必定不能让斯人舒坦，这个时候又有人告发了他！

　　这一天，李密正好出门办事，王秀才的家被官军围了起来。原来，丘君明一直小心翼翼，害怕走漏风声，可是谁承想，堡垒大部分是从内部攻破的，他的侄子丘怀义把他亲叔叔和王秀才窝藏李密的事情全抖搂了出去。李密凑巧逃过一劫，可怜的是丘君明一家、王秀才和王氏，全部被抓问斩！有道是树欲静而风不止，李密注定无法过平凡人的生活，走平凡人走的路。隋炀帝杀了他的老婆和岳父，让他失去了世俗的最后牵绊，李密就此与大隋势不两立，毅然决然地走上了推翻隋朝政权的道路。那么，接下来该去哪儿呢？——奔赴瓦岗寨，投奔瓦岗军！

二、翟让创建瓦岗军

隋末众多起义军中，瓦岗军是什么样的一种存在呢？我们熟知的秦琼、罗士信、徐世勣、魏徵、程咬金、裴行俨、单雄信、王伯当等隋唐英雄是如何加盟瓦岗军的，在其中又是什么样的地位？讲这些之前，我们先来说说瓦岗军的带头大哥翟让！

翟让，东郡韦城县（在今河南安阳滑县）人，骁勇且具胆略，善使一杆长枪，这个著名起义军队伍的早期创始人，按说应该昭著史册，可惜隋朝和唐朝的史书中没有多少关于他的文字介绍，后人不知道他的出身，其祖上究竟是什么人，农民还是地主，读书人还是侠士，但看起来他有一段时间混得非常不错，担任东郡法曹。这是个什么样的职位呢？郡即地级市，法曹是掌管司法工作的官员，也就是相当于现在公安局局长、检察院检察长、法院院长三合一的角色，相当于今天的正厅级干部。但不清楚为什么，翟让执法犯法，犯罪情节还特别恶劣，直接把自己送进了死刑大牢。换作普通人的人生脚本，绝对是押赴刑场，接着人头落地。但翟让不能死，他还得建立瓦岗军，如果他的人生就此了结，那么隋唐历史可能就不是我们今天看到的如此波澜壮阔了。这时候，一个小人物的出现改变了他的生命轨迹，你说这是偶然还是必然？

眼看处斩的日期临近，牢头黄君汉动了恻隐之心。据这些日子的观察，他认为翟让绝非等闲之辈，至少是关羽、吕布这一层级的英雄，不仅骁勇异常，而且言谈之间透露着为生民立命的大格局。他心想，大隋灭亡已成定局，此等英雄怎能在自己眼皮底下就这么死了？黄君汉虽然是个基层公务员，但是行动做派更像讲究江湖义气的侠士，拿定主意之后，这天晚上，他偷偷潜入翟让的死刑囚犯专属单间，先是给翟让做心理建设，强调命运要掌握在自己手里，接着给他卸去了枷锁。翟让顿时震惊了，他竟然要豁出命救我！"黄大哥，这万万使不得啊，你放了我，你怎么办？！"说着话抹起了眼泪。黄君汉一看怒了："我本来以为你是个大丈夫，可以干一番大事业拯救黎民于水火，所以愿意豁出性命救你。结果你像个娘们儿一样哭哭啼啼，这不是寒碜人吗？"

求生是人类的本能，英雄也不例外。历史上那些舍生取义的大英雄，最后是怎么下定决心赴死的呢？赴死之前，大概都在心里掂量过这个问题——死义到底值不值？一般思路是这样的：如果可以曝光在光天化日之下，形成舆论效果，使事态发展产生连锁反应，肯定能得着个青史留名。咱不知道翟让被判死刑的原因，史书上没说，应该是没有广泛社会影响力的事情。为了向一个素昧平生的牢头证明自己道德高尚，放弃求生的唯一机会，用脚指头想都知道，性价比实在太低了。因此，一场哭戏之后，翟让还是当仁不让地跑路了。

逃出监狱简单，逃出生天艰难。能跑到外地当然是理想之选，古代出门虽说没有刷身份证的网络系统，但是人员管理相当严格，离开户籍所在地是需要开具官凭路引的，翟让一个死刑囚犯去哪里弄这种东西？显然这个想法不现实。如果留在滑县，架不住每天都可能有官府捕头来抓，虽然翟让一身好武艺，怕也是躲得过初一，躲不过十五。天下之大，四顾茫然，竟然没有大丈夫容身之地！

翟让被判死刑的时候，隋炀帝发动了第一次征伐高句丽的战争，山东王薄率先揭竿而起，很短时间内有十余万人追随，造反事业搞得如火如荼，这给穷途末路的翟让带来了灵感。他心想，横竖不能躲一辈子，既然已经是通缉要犯，情况还能再坏吗？不如就地做大！于是，翟让一路狂奔到滑县东南的瓦岗寨，扯起了反隋大旗。这就是瓦岗军创立的历史背景，是不是与各位看官想象的不一样？说什么理想和抱负，实际上这玩意儿又不能当饭吃，很多伟大的事业可能只是开始于——过不下去了！

在瓦岗寨发展早期，翟让的两个骨干都发挥了极其重要的作用：一个是单雄信，另一个是徐世勣。这二位在民间传说和小说演义中，戏份都相当多，在隋末唐初这段风云激荡的岁月里，留下了浓墨重彩的一笔。我们先来看看单雄信。

三、"赤发灵官"单雄信

单雄信是隋唐小说中的主要人物，他青脸红须，绰号"赤发灵官"，是山西潞州八里二贤庄庄主，因排行老二，被称为"单二哥"。他是大隋九省绿林总瓢把子，九个省的黑道老大，可以想想这是什么段位。他在江湖上威望极高，凡绿林中人，一支箭传去，无不听命；各处劫来财物，坐分一半。单雄信武力值极高，使一柄金钉枣阳槊，在隋朝好汉中排名第十八，位列瓦岗寨五虎将首位。义气、忠勇和刚烈就是他的人设，简直是关二爷再世，因此也被称为"义薄云天小关羽"。

单雄信仗义豪迈，乐于结交朋友，常有仗义疏财、扶危济困之举。他对朋友掏心掏肺，毫无保留，绝对称得上是条汉子。用现在的话说，这个人能处，有事他真上。山东豪杰秦琼落难潞州，身无分文，疾病缠身，靠卖马来筹措盘缠。单雄信与其仅仅是神交，听闻后将秦琼接到二贤庄养病，尽心竭力地照顾，不仅好酒好肉款待，在秦琼临走时，还送上不少钱财。后来秦琼惹上官司，单雄信又上下打点，不断周旋，帮他脱狱。秦琼老母过寿，单雄信发出绿林箭，带领各地英雄会集济南，给足了秦琼面子。单雄信的这一波操作，将他的"义气"人设体现得淋漓尽致。类似的案例数不胜数，当时不少江湖豪杰都曾受过他的恩惠。

单雄信等好汉在贾柳楼歃血为盟后不久，不堪隋朝暴政，大反山东，聚义瓦岗寨，四十六友中大部分好汉都投奔入伙。瓦岗寨起势后，数次大败隋朝大军，俨然成为各路反王的盟主。后来李密执掌瓦岗，人心尽失，士气低迷，被王世充大败。瓦岗将领大都归顺李唐，只有单雄信因家仇不肯降唐（他的哥哥被李渊误杀），转而投奔王世充，从此与众兄弟分道扬镳。在王世充麾下，单雄信充当了对抗李唐的急先锋。李世民攻打洛阳之时，在御果园差点被单雄信干掉，幸亏尉迟恭单鞭救主。后来见王世充大势已去，单雄信单骑闯入唐营，意图一死以报王世充，最终遭到俘虏。众人再三劝说单雄信降唐，但单雄信誓死不从，慷慨赴死，成为隋唐英雄中最具悲剧色彩的人物。恩怨分明、宁死不屈的形象就此深入人心。

单雄信在文学作品中的形象几乎完美，因此受到民间百姓的喜爱。那在正史记载中，单雄信又是怎样的一个人呢？相信你看过之后，定会大跌眼镜。

据《新唐书》中记载："（单雄信）少骁健，尤能马上用枪，密军号为'飞将'。"《资治通鉴》中也有同样类似的记载："雄信骁捷，善用马槊，名冠诸军，军中号曰'飞将'。"翟让建立瓦岗军后，单雄信和徐世勣成为他的左膀右臂。瓦岗军在他们的带领下，发展迅速，队伍不断壮大。李密自称魏公后，单雄信被任命为左武候大将军，级别甚高。单雄信投奔王世充后，被封为大将军，极受倚重。由此可见，关于单雄信的武力值，正史和演义差别不大，单雄信称得上勇猛过人，骁勇善战，具有大将之才。

但在"忠义"二字上，正史和演义则完全相反。李密在"鸿门宴"上火并翟让之后，作为翟让的亲信，"与翟让友善"的单雄信表现得怎样呢？据《资治通鉴》记载："顿首求哀。"

单雄信完全就是一副吓破胆的样子，哪里有半点大义凛然的英雄豪杰之气？李密的谋士房彦藻非常看不上这种软骨头的行为，"以雄信轻于去就，劝密除之"，他觉得单雄信轻易就决定去留，劝李密将其干掉。但是李密爱惜单雄信的将才，非但不听，还对其委以重任。后来李密在邙山大战中被王世充打败，本来互为掎角的单雄信却作壁上观，迟迟不肯出兵救援，让李密的军队一溃千里。之后单雄信更是率部投降王世充，给了李密沉痛的一击。反复无常，缺乏坚定的立场，由此成为单雄信难以洗刷的污点。

归降王世充之后，单雄信数次与李唐交战。据《旧唐书》记载，李世民攻打洛阳时，单雄信骑马直取李世民，长枪几乎将其刺中。危急时刻，"徐（世勣）喝止之，曰：'此秦王也'。雄信惶惧，遂退，太宗由是获免"。这一点与小说演义也基本一样，只是小说演义进行了更生动的演绎。

洛阳被李唐攻陷，单雄信随王世充降唐，李世民要将其杀掉。徐世勣向李世民求情说："单雄信武艺绝伦，如果饶他不死，他一定会感恩戴德，尽心竭力报效国家。实在不行，请用我的官职为他赎罪。"面对如此感人至深的场面，李世民却丝毫没有动心。徐世勣无奈，只好在单雄信临刑前割了大腿上的一块肉给他吃下，让他放心赴死。单雄信的最后一句话是："我固知汝不办事！"这句话是责备还是安慰徐世勣，人们不得而知，但是这条记载透露出一个信息，单雄信在最后时刻还是抱有一丝幻想，希望李世民能够饶他一命的。因此，小说演义中单雄信誓死不屈，慷慨赴死的画面在正史中并未出现。（此处有争议，据《隋唐嘉话》记载，单雄信临终对徐世勣的遗言是："我固知汝不了此。"）

李世民（《旧唐书》中下令者为李渊）为何要坚决杀死单雄信？除了单雄信对他的生命造成威胁之外，更重要的一个可能是，他已经看出单雄信就是一个言而无信、反复无常的小人，觉得他难堪大用。

战场上叱咤风云的单雄信就此殒命，不禁让人感叹。而与单雄信有着生死之交的徐世勣，却在时局变幻中能够不断受到重用，最终成为唐朝凌烟阁二十四功臣之一，又不能不让人深思。

四、"徐茂公"徐世勣

我们再来看看瓦岗军的另外一位联合创始人——徐世勣。在不少民间传说和历史演义中，徐世勣被演绎为能掐会算，足智多谋的牛鼻子老道徐茂公。作为瓦岗寨的军师，徐茂公简直就是诸葛孔明一般的存在。

那在真实的历史上，徐世勣又是怎样的一个人呢？

首先来说说徐世勣的名字。徐世勣，字懋功，这是他本来的名字，后来被唐高宗李渊赐姓李，改名李世勣。唐太宗李世民去世后，李世勣为避名讳，将"世"字去掉，成为李勣。武则天称帝之后，李勣的孙子李敬业起兵讨伐，兵败后不仅丢了性命，还丢了赐姓。早已去世的李勣也受牵连，被武则天掘墓砍棺，追削官职和封爵，恢复其本姓徐氏。

徐世勣的一生，如同他的改名史一般，充满了传奇色彩。

徐世勣生于隋朝开皇十四年（594年），本是曹州（在今山东菏泽）人，后来迁居至滑州（今河南滑县）。徐世勣是"富二代"出身，家境殷实，优渥富裕。徐家是如何致富的，史书没有交代，只记载他家奴仆众多，粮食满仓满谷。在饥荒遍地、饿殍丛生的年代，粮食就是硬通货。和很多欺压百姓或一毛不拔的地主老财不同，徐氏父子乐善好施，仗义疏财，不论亲疏远近，都愿意接济贫民，这让徐世勣在乡间赢得了很好的口碑。

翟让在瓦岗寨扯起大旗后，年仅十七岁的徐世勣就敏锐地察觉到起兵反隋已是当前的社会趋势，也是自己成就一番事业的通路。于是，他和邻县的单雄信、贾雄等人纷纷前去投奔翟让。翟让的大哥翟弘、侄子翟摩侯、好友王儒信此时已经入伙，加上徐世勣等人，一个草台班子就建立了起来。起义初期，瓦岗寨众人只在东郡"打家劫舍，劫富济穷"，小日子虽然过得优哉游哉，收获也不算太小，但发展空间毕竟有限。

这时候，就体现出了徐世勣的战略眼光，他去找翟让商量："东郡是我们的老家，我们总在这里搞事情，难免有吃窝边草之嫌。不如去临近的宋郡和郑郡发展。这两个地方是水路交通要道，官商船只都从这里经过，商旅密集……"徐世勣的一席话让翟让豁然开朗，当即将大本营转移到此地。

徐世勣的这一策略可谓一箭三雕：首先，瓦岗军远离东郡，使其免受侵扰，保证军队有一个稳定的大本营；其次，战略目标的转移，表明瓦岗军开始确立明确的发展方向和长期规划，已经从战略的高度和深度来思考反隋这一事业，这就和一般的起义团伙有了本质的区别；最后，宋郡和郑郡水路交通便利，船舶众多，瓦岗军不仅能劫掠隋朝的转运物资，还能抢夺一些商船。这让瓦岗军获利颇丰，迅速完成了原始积累，不断吸引各路起义人马前来投靠。

之后，瓦岗军又开始另外一个动作，他们杀死贪官，开仓放粮，赈济贫民，得到了广大群众的支持，一时间投奔瓦岗的队伍络绎不绝，当时就有歌谣传唱："扶着爷，搀着娘，携着儿女去瓦岗，瓦岗寨上吃义粮。"

瓦岗军的队伍壮大了，声势也造起来了，但还是缺少具有军事才能和组织建设能力的优秀人才。当时瓦岗军与隋朝正规军发生的战斗，基本是屡战屡败。隋朝大将张须陀，带领秦琼、罗士信等一班虎将，屡次挫败瓦岗军，保持了三十多次的不败战绩。翟让只要一听张须陀到了，立马望风而逃，有多远躲多远。

五、李密的曲折入寨路

直到隋大业十二年，一个大名鼎鼎的人物来到瓦岗寨，实现了对瓦岗军的基因改造，使这支原本寂寂无闻的队伍从此声名大振，这个人就是超级贵族公子哥儿李密。要说翟让是瓦岗军的创始人，那么瓦岗军的灵魂人物绝对是李密。话说李密一路亡命天涯，从雍丘县出逃后，听说瓦岗寨有一支起义军正发展得风生水起，带头大哥翟让为人厚道，喜欢结交天下英雄，当即决定先去拜拜码头。

李密是大隋王朝的贵胄子弟，又曾追随杨玄感起兵反对隋朝暴政，立志解救生民于倒悬，结果兵败被朝廷列为一级逃犯，从此消失在茫茫人海——"哥早已不在江湖，但江湖上仍有哥的传说"。在老百姓眼里，拥有如此身份和地位的李密绝对是传奇人物。按理说，有明星成员的加盟，应该既有利于提升队伍的知名度，又有助于起义军招徕兵马，不想这位哥辗转流落到瓦岗寨初始，却给瓦岗高层的心头蒙上了一层阴影。

他们不仅没有对李密的到来表示欢迎，反而心存忌惮，甚至胆战心惊，觉得这位兄弟的光芒太过扎眼，磁场太过强大，本来瓦岗军可以混迹在众多起义军中闷声发大财，结果这一来可能会被朝廷盯上，成为重点打击对象。其实也不能怪他们这么想，毕竟李密自从出逃以来，所过之处"寸草不生"，同行郝孝德不是也不待见他吗？这正是"树大招风风撼树，人为名高名丧人"。李密内心十分憋屈，本来他是拼了命和大隋朝廷对着干的，起义军应该待他如同胞啊，咋上了山起义军也想暗杀他？江湖属实不好混！

李密的政治头脑不一般，既然瓦岗高层不信任他，普通的瓦岗民兵又把他当成彻头彻尾的瘟神，那么不如从中层干部入手。当时的瓦岗中层有些什么人呢？比如来自外黄的王当仁、济阳的王伯当、韦城的周文举和雍丘的李公逸等，都是以瓦岗寨为核心的几股武装势力。这些人是草莽英雄，本就不学无术，没什么文化，凭着武力值和号召力比一般人强，聚拢了不少盗匪流氓。他们和李密压根儿是鸡同鸭的关系，没什么共同语言是正常的。开始的时候也的确是这样，奈何不怕李密讲道理，就怕道理讲千遍，一帮只懂得喝酒、吃肉、干就完了的土匪，有一天有人开始不厌其烦地和他们谈论理想和抱负，普及国内和国际局势，属实让人拍案惊奇！李密是受过高等教育的超级贵族，无论是古今事迹还是天下大势，也不论是瓦岗军的当下处境还是未来发展，他口若悬河，讲起来头头是道。知识改变命运，经过几轮高端政治洗脑之后，他们自我感觉档次提升了不是一星半点，认知到上山不仅可以为了荣华富贵，或许梦也是可以追的。于是乎，他们看李密的眼神都开始闪闪发光了。

其中，自河南济阳起事的王伯当尤其欣赏李密的才华和抱负，认为经过人生低谷的李密大难不死必有后福，他选择投奔瓦岗寨，是瓦岗军求之不得的转型机遇，于是主动请见翟让，说："现在天下群雄并起，我们瓦岗军只是众多起义军中的一支，没有什么特殊优势，大哥应为瓦岗军的前途着想。眼下我们正是用人之际，李密做过杨玄感的首席智囊，不如给他一个机会试试他的才能。如果是浪得虚名，我们也正好再作打算。"不要看李密在江湖上是个传说，老百姓对他们的造反口号很买账，但在翟让的眼中，这种话术就是大忽悠，可以骗骗普通老百姓，来瓦岗寨找荣华富贵，没门儿！谁的事业不是闯出来的，难不成靠一张嘴吗？心里这么想，说话还是要留有余地，以显示老大的风范，他对王伯当说："近来周围的山里颇不平静，有几股小毛贼不好对付，让李密去搞定他们吧。"李密有谋有勇，看到翟让给自己机会了，立即孤身探访了附近的散乱武装队。这些土匪头子从生下来就没见过这么能说会道的人物，还头顶着关陇贵族的光环，对李密的一套说辞非常受用，没过多久纷纷归降，真可谓"不战而屈人之兵，善之善者也"。翟让手底下兄弟众多，各有所长，但李密这样的人物前所未见，那就见一见吧。

初次见面，翟让用审视的目光打量着李密，只见他皮肤黝黑，棱角分明，眼神干净清澈，虽然长相和帅字没有半毛钱关系，但乍见之下，就让人觉得器宇不凡，留下深刻印象。他问李密："听说你有话要对我说。"李密咳嗽一声，侃侃而谈："如今皇帝暴虐昏庸，百姓积怨已久。之前三征高句丽，动用全国兵民数百万而不下，导致国力耗损，后又与东突厥爆发冲突，以致睦邻友好关系断绝。这种情况下，他杨广仍然不思悔改，不务正业，撇下洛阳和长安南下江都。现在天下的局势与秦朝末年一模一样，刘邦和项羽在乱世中得以称王称霸，让今人想来颇为振奋。"李密顿了顿，翟让示意他有话可以直说，"刘邦和项羽只是布衣小民，尚能成就一番事业，凭着您的雄才大略，以及手下的精兵强将，夺取东、西两都，灭掉大隋轻而易举，这可是天时地利人和的好时机啊！"

李密口才了得，同时，他对历史常识的熟谙程度也远超常人，能够借古通今，根据历史规律推演时局走势，这可不是一般人做得到的。李密发现隋朝与秦末的局势有着惊人的相似度，大隋灭亡只是时间问题，如今群雄逐鹿，其中必有一人实现改朝换代的大业，以瓦岗军的实力，谁又知道这个人会不会是翟让呢？以上一番话充满了李密对翟让的期许。

可惜，李密又被现实狠狠地打脸了。李密说得唾沫星子四溅，翟让一脸的"与我何干"。他慢条斯理地说："兄弟，你是不是搞错了，我本就是个盗匪，没打过杨家天下的主意。你这志向好是好，但太过远大，不在我这瓦岗军的正常业务之内。"这就好比今天你去面试，谈了一通的事业理想和职业抱负，然后被老板无情拒绝。我们都知道拿破仑的一句名言，"不想当将军的士兵不是好士兵"，然而，不想当皇帝的将军，就是好将军吗？李密本想凭着给翟让树大志、谋大计，成为瓦岗军的高级合伙人，结果却是求而不得。山重水复疑无路，柳暗花明又一村，在李密再次开始怀疑人生的时候，机会已经悄然而至。

瓦岗军攻占荥阳

一、李密的机遇

李密亡命天涯至瓦岗寨，并没有得到翟让的重用。正在他懊恼的时候，人生迎来了意想不到的转机。

想当初隋炀帝因为方士的图谶，杀了李敏和李浑及其宗族三十余口，其他李氏子弟无论长少全部发配岭南，接着又盯上李渊，好在李渊机敏，逃过一劫。但关于李氏得天下的流言从没有消失过，大业十年，洛阳街头有一首流行民谣叫《桃李章》，是这么唱的："桃李子，得天下；皇后绕扬州，婉转花园里。勿浪语，谁道许？"一个叫李玄英的读书人不好好读书，自从听到这首歌谣之后，着了魔似的潜心研读，终于有一天一拍脑门，恍然大悟！

中国历史上有四大著名的"一语成谶"。第一个，"亡秦者，胡也"。秦始皇以为大秦可能会亡于北胡，没少防备，结果是葬送在自己小儿子胡亥手上。第二个，"公孙病已当立"。汉昭帝驾崩后，他的孙子刘病已当了皇帝，是为汉宣帝。第三个，就是上面所说的"桃李子，得天下"，灭了隋朝的不是李敏和李浑，也不是李密，而是李渊。第四个，"唐三世之后，女主武王代有天下"，后来武则天得了李家天下。

当然截止到公元614年，后面的案例还没有应验，但历史上已经应验的政治谶语让李玄英颇感兴奋。如今天下大乱，"桃李子，得天下"说不准真的暗藏玄机，只是还没有人参透。这对读书多年却没有出头之日的李玄英来说，无异于遇到了改变人生的财富密码。于是，他茶不思，饭不想，每日以钻研这首民谣为业，终于得出了"学术研究结论"。

首先，"桃"与"逃"谐音，就是说逃亡的李姓人士，会得天下。其次，皇帝与皇后在扬州流连，没能返回都城。再有，"勿浪语，谁道许"，不就是指"秘密"的"密"吗？虽然这可能是心理暗示的结果，但经过"行云流水"的推理，李玄英成功把目标锁定在朝廷一级通缉犯李密的身上。

那么，各位看官肯定会问了，接下来的几年李玄英怎么没有动静了？财富密码破解了，不是应该尽快采取行动，以免他人捷足先登吗？原来，自从兵败之后，李密不得不亡命天涯，江湖上没有了他的下落，李玄英再神，也没办法给他地理定位。还有，他虽然得出了重大"学术研究结论"，但也不敢保证是百分之百正确的，需要得到事实的检验。直到大业十二年，隋炀帝毅然决然离开洛阳，带着队伍浩浩荡荡南下江都，大有一去不复返的架势，李玄英终于可以断定，李密将成为天子的推断是正确的！

就在这时候，传来一条对于李玄英而言爆炸性的消息：朝廷头号通缉犯李密正式加盟瓦岗寨！这让他百感交集：几年了，可算找到组织了！于是他从洛阳出发，奔着东北方向的滑县而去。作为一个很懂政治的读书人，李玄英自觉做起了民间舆论引导工作，沿途一路散播消息说《桃李章》里的"桃李子"指的就是李密，再把自己的几个观点一摆，由不得老百姓们不信。此时正值隋炀帝弃东都而去的节骨眼上，民心动荡不安，这一谶语重现江湖，如燎原之火般蔓延开来，草莽英雄、流民百姓乃至土匪流氓，无论原本打不打算起义，在强势宣传工作的洗脑下，纷纷前往瓦岗寨，表示愿意效忠李密麾下。

眼见着李密在瓦岗军中的势力迅速扩大，翟让却相当淡定，不以为意，作为全国最大规模造反军的领袖，他应该是所有造反头目中最没有野心的一个，但是李密可不一样。李密从小上进心就很强，当初他放弃累世的荣华富贵追随杨玄感造反，就是为了实现自己的远大志向，在乱世中建功立业。他明白，光靠着谣言煽动民心是没用的，就算是所谓天命所归，也要从真刀真枪里面干出来，因此，首先得有根据地，也就是地盘。其次需要有军队，维持军队运营就得有钱。显然，李密是"三无人员"，只能动心思借鸡下蛋。

瓦岗寨和瓦岗军正是李密心目中最理想的所在，他想要的这里都有，可是他该怎样混入瓦岗军的核心圈呢？李密注意到了翟让身边的军师贾雄。这人的专业是阴阳术数，翟让对他深为信任，几乎可以用"言听计从"来形容。李密瞅准这一点，开始有意结交贾雄。一个是专事占卜、装神弄鬼的山寨军师，一个是受过皇室高等专业教育的资深战略家，两个人竟然能打成一片，看似产生了超越阶层和学历的真挚友谊，这让日常只能与一帮盗匪流氓打交道的贾雄很受用。李密流露出不被翟让重用的苦衷，贾雄一拍胸脯说，这有何难，包在兄弟身上！

话说李密先前给翟让打鸡血，树立远大的理想，被翟让当场无情拒绝。但是，这就好比往翟让心里撒了一颗种子，种子开始生根发芽，导致他睡不着觉的时候翻来覆去——自己和刘邦之间真的隔着好多个项羽吗？有一天，翟让实在煎熬不住，把贾雄叫到近前，试探性地问他："前一阵李密给我出主意说，我们瓦岗军有实力争夺洛阳，不知此言虚实，请军师指点一二。"作为一个具有职业素养的占卜师，贾雄的工作套路就是占卜加战略分析，至于分析水平如何不太清楚，最重要的是，可以自圆其说。他一看翟让对李密的建议产生了兴趣，正是给自己铁哥们儿推广营销的好机会，于是答道："这个建议吉啊，吉不可言！"翟让说："问你是否有机会争夺洛阳，吉不可言是什么意思？"贾雄接着说："如今正当乱世，天下英雄竞相逐鹿，自立为王恐怕未必能成功。您应该有所耳闻，最近洛阳流传一首民谣《桃李章》，说李密以后会得天下，大哥如果和李密合伙打天下，必定可以事半功倍。"奈何翟让不按套路出牌，问道："如果真像民谣里说的那样，那么李密可以自立山头，他来找我们干吗？"贾雄一时被问住了，心里禁不住想，此言甚是！心里这么想，可嘴上不能说啊！

　　贾雄虽然是个山寨军师，但能混到瓦岗高层，得到大哥翟让的信任，也是有两把刷子的，编瞎话的速度和水准连自己都震惊："世间万物是相互联系的。李密之所以来投奔您，是因为大哥您姓翟，翟就是泽的意思，蒲草非泽而不生，他必须仰仗您才能有所发展。"古代人皆敬畏天命，占卜师说的话一般会得到重视和认可，再加上贾雄言辞之间流露出——就算李密他是真命天子，他的未来也取决于翟让——的意思让话很中听，翟让很满意。于是，李密终于借助贾雄之力打入瓦岗核心团队，与翟让直接搭上了线。

二、李密献计占荥阳

成为合伙人之后，二人无话不谈。李密本就是性情中人，再加上理想的烈焰无时无刻不在胸中灼烧，内心充满了大丈夫只争朝夕的劲头，所以他抓住一切时机引导翟让奋发图强。这一日，二人在一起聊天，李密把自己的想法一吐为快："大哥，瓦岗军现在是国内头号起义军队伍，精兵强将不计其数，发展潜力自然很大，但是作为高层必须未雨绸缪，考虑目前存在的隐患。"翟让问道："兄弟认为有何隐患，大可直言。"李密接着说："虽然瓦岗军以抢劫为生，生活过得很不错，但是投军的人越来越多，一旦遇到特殊情况，比如官兵重点围剿，粮草可能会面临断绝的危险，到那时候就晚了。"翟让本来没当回事，听完李密的分析后背发凉，点头称是："那么依兄弟之见，我们该如何消除隐患呢？"李密一字一顿地回答说："攻取荥阳，争雄天下。"

作为科班出身的军事战略家，李密选择荥阳为争雄天下的基点是有战略考量的。荥阳地处郑州西部，自古就是兵家必争之地，有"得中原者得天下，得荥阳者得中原"的说法。为什么这么说呢？首先，荥阳是关中咽喉，任何起义军想攻取洛阳和长安，都要经过荥阳。现在天下群雄争霸，哪支起义队伍率先抢占荥阳，等同于拥有了战略高地。其次，因为荥阳地势险要，易守难攻，荥阳以西的巩县（今河南郑州巩义市）建有隋朝最大的粮仓——兴洛仓，如果拿下兴洛仓，就可以从根本上解决起义大业的粮食问题，而要拿下兴洛仓必须先拿下荥阳。

"攻取荥阳，争雄天下"的言论在原本平静的瓦岗寨炸起一声惊雷，出身限制了瓦岗高层的想象力，匪盗出身的他们从来没有想过有一天可以跳出烧杀抢掠的生活方式。当李密提出这个小目标之后，短时间内大家都惊呆了，但随之而来的是强烈的共鸣和热烈的掌声，生活一下变得有奔头了，能不激动吗？李密也因为有能力、有想法，并且能站在领导层的高度为人民大众谋幸福，获得众人认可，距离跨入瓦岗高层只剩一步之遥。

瓦岗军虽然人多势众，但到底不是正规军，想要一步到位攻下荥阳是不可能的。翟让采用了李密的计策，亲自率兵先行拿下了荥阳的门户金堤关以及附近所属诸县。在被瓦岗军形成包围的情势下，荥阳太守杨庆慌了。杨庆是隋朝宗室杨弘之子，隋炀帝猜忌宗室骨肉是出了名的，诸王不是被废就是被流放，唯独这位杨庆非但没事，还被封了郇王，可见平时没少在阿谀奉承上下功夫。但是杨庆还是有点自知之明的——自己打不过，赶快打报告！隋炀帝立即派河南讨捕大使张须陀为荥阳通守，协助杨庆合兵迎战。

在起义军眼里，张须陀就是神一般的存在，在被张须陀打败多次的翟让眼里，那更是"恐惧"的代名词，必须脚底抹油，走为上策。徐世勣一看做大哥的竟然要跑，顿时怒发冲冠，道："胜败乃兵家常事，怕失败还打什么仗？就算死也要死在战场上！"李密本来也怕翟让半途而废，自己的理想再一次泡汤，赶紧在旁边帮腔说："张须陀有勇无谋，而且骄傲得很，我们瓦岗军打败他不费吹灰之力。"这点评纯属是给翟让壮胆，不看看张须陀打了多少胜仗，战绩无人能比。话都说到这份上了，翟让只好硬着头皮应战。

张须陀部队人员不多但兵精将猛、作战经验丰富，且长年负责山东、河北等地的平叛工作，几乎每战皆胜，威震天下。瓦岗军虽然之前数次败给张须陀带领的隋军，但徐世勣、王伯当等人斗志不减，现在又有了李密谋略方面的加持，可谓如虎添翼。开始的几场战役，瓦岗军并不输隋军，甚至取得领先的优势。张须陀到底有勇有谋，拥有强大的军事指挥能力，瓦岗军想从他手上夺取荥阳，光凭战力是不可能的。那么如何才能实现突破呢？经过研究张须陀和瓦岗军以往的战例，李密心生一计。

不得不说，李密是全能型选手，不仅具有辩证性思维，而且深谙心理学。在他分析翟让遭遇张须陀屡战屡败的经历之后，决定打个心理战。首先，张须陀数次战胜过翟让，心理姿态上属于"骄兵",再次交锋的时候,多多少少会轻视翟让。其次,虽然张须陀打了多次胜仗,但是从来没有彻底消灭瓦岗军,活捉翟让,这无疑是他战绩表上的一个污点,成为他的一个心结。于是,大业十二年十一月,李密请大哥翟让亲自率兵迎战张须陀,他自己则带领一支伏兵埋伏在荥阳东北大海寺附近的密林中。

两军对战之时,张须陀敏锐地发现,李密等重要干将不在队伍当中,虽然他作战向来以谨慎而著称,但当瓦岗军的首领翟让大模大样地厮杀阵前,置生死于度外的时候,他也承认这是击杀翟让、彻底摧毁瓦岗军的好机会,怀疑顿时烟消云散。翟让按部就班,毕竟败给张须陀已经是家常便饭,熟悉得不能再熟悉的流程,只不过他是真的抵御不过,朝着大海寺的方向败退下来。在如此迫切要取翟让首级的情况下,张须陀率兵追击十余里,当他发现前方地形越来越崎岖,道路越来越狭窄,两旁的树林越来越浓密的时候,心中暗道大事不妙!可惜已经晚了,张须陀部已经进入埋伏圈之内,瓦岗军早已在这里等候多时,一场大战蓄势待发!

李密一声令下,千余精兵从树林中杀将出来,把由于长时间追击队形散开的隋军直接冲散。李密知道张须陀单兵作战能力无人可比,想要杀出重围是很容易的事情,为了拖延时间,命士兵将张须陀纠缠在重围之中。这时候,原本一路败逃的翟让等人也已经率兵反过头来，与李密形成夹击之势。《三国演义》赵云长坂坡单骑救主的戏码得以重现，张须陀不愧被誉为隋朝第一名将，从翟让、徐世勣、王伯当和李密等众多战将的包围下突破出来，但是看到部下身陷重围，不愿意抛下他们，跃马冲回包围圈营救，如此情形下四进四出。张须陀自觉已无力回天，一腔悲怆化为仰天长啸："兵败如此，我有何面目再见大隋天子！"于是下马血战，最后力竭而亡。

张须陀被杀带给华北、中原地区极大震撼，隋朝用于镇压起义军的战力遭到空前打击。同时，作为深受爱戴的一代名将，隋军将士和民众听闻张须陀将军身死沙场的噩耗，数日号哭不止，可谓天地同悲，日月同泣！

随着张须陀兵败，荥阳这一战略要地陷落，隋炀帝身处江南仍然感受到帝国的寒冬将至。悲伤与无奈之中，派光禄大夫裴仁基任河南讨捕大使，镇守洛阳的门户虎牢关。上文讲到张须陀麾下的秦琼和罗士信两位部将，也被划拨到裴仁基手下。

明代杨慎在《临江仙》中咏叹："滚滚长江东逝水，浪花淘尽英雄，是非成败转头空。青山依旧在，几度夕阳红。"历史的规律告诉我们，不论怎么样的英雄，都会像翻飞的浪花般消逝，不论是与非，还是成与败，到最后都会消散。张须陀戎马一生，从无败绩，是令无数起义军闻风丧胆的存在，最后却败在了瓦岗军手里，败在了李密的心理战术下。虽然历史的车轮滚滚向前，从不会为谁停留，但正因为这场胜仗，瓦岗军在当时威名大振，李密站在张须陀这一巨人的肩膀上，一时成为智慧的化身、众人追捧的偶像。没有对比就没有伤害，同样是面对张须陀部，瓦岗军在大哥翟让的指挥下应战，结果是屡战屡败、一塌糊涂。李密不仅给瓦岗军定下了"攻取荥阳，争雄天下"的大战略，而且带领瓦岗军迎来"出道"以来第一次振奋人心的大胜仗，瓦岗军的将士们心里都开始犯嘀咕，同样都是人，差距咋就这么大呢？！李密凭借荥阳大捷，不仅完美地向他心目中的英雄豪杰——刘邦和项羽致了敬（公元前204年，刘邦和项羽曾在荥阳对峙作战），而且奠定了他在瓦岗军中不可撼动的地位，将士们深信，跟着李密必定是有前途的！

李密的部署

一、立足瓦岗寨

李密带领瓦岗军大败张须陀，攻占了战略要地荥阳，理应论功行赏。瓦岗将士们的眼睛都盯着大哥翟让会以什么规格赏赐李密。大家伙儿私下里替翟让想好了，要么把亲妹妹许配给李密，实现强强联姻，从此一家人不说两家话，要么干脆让李密做二当家，一人之下，众人之上。结果，翟让的行动证明大家想多了——他决定，允许李密建立自己的团队，有权独立调遣，还给团队起了个名字，叫蒲山公营。

有人会说了，翟让批准李密成立独立团队是信任他的表现，那么是这样吗？可能并不是的。大家别忘了，自从铁粉李玄英主动承担起李密乃天选之子的舆论引导工作，各路英雄、流民甚至土匪流氓纷纷来投靠，这些人名义上都属于瓦岗军，与其他人没有什么区别，而实际上都是李密本人的班底，就算翟让想带走也是不可能的。正因为翟让看清了这一点，再加上荥阳大捷之后，拥戴李密已成为军心所向，所以，与其摸不清这部分人的真实想法，导致日后不必要的隐患，不如干脆将他们剔除出自己的队伍，以保证瓦岗军血统的纯洁性。翟让和李密分道扬镳时还不忘反讽一把：蒲山公是李密从父亲李宽那里世袭的爵位，李密刚把张须陀干掉，翟让就拿大隋朝给李密的封号来封赏人家，可能多少有些故意恶心人的意思。

李密可不这么想，他打了胜仗心里美着呢，何况翟让允许他自己当老板，更是梦寐以求的好事。别人认为他应该成为翟家的女婿，或者被提拔为二当家，殊不知他与翟让关系再近，在瓦岗军中地位再高，也不过是依附他人、看人脸色的下属，倒不如拥有自己的一城一池，其中每一砖每一瓦都是靠自我奋斗得来的，拥有绝对的自主权和支配权。

李密自立门户之后，对部队的训练要求极其严格，凡是发出命令，就算是在酷热的夏天，士兵们都像身负霜雪一样冷峻地执行。同时，李密虽然是贵族公子哥儿，但是从不奢靡铺张，日常生活非常节俭，把抢劫得来的金银财宝全部分发给部下。如此一来，人人都愿意为他效力卖命。此外，李密还很注意约束自己的团队，凡是与翟让部下发生矛盾时，要求手下必须采取避让的态度。在一系列建军方针的指导下，瓦岗军李密分部被经营得蒸蒸日上。

翟让的不求上进与蒲山公营的气势如虹形成鲜明对比，只能说是胸无大志了。他看得出李密不是久居人下之辈，这一天找到李密，语重心长地说："兄弟啊，看你如此积极上进，大哥非常欣慰。不瞒你说，这些年我跟兄弟们南征北战，已经攒够了养老的钱，没什么遗憾的了，我们打算回瓦岗寨，看你这样子必定是不会回去了，天下没有不散的筵席，不如就此一别吧！"李密听后立马惊呆了，眼前这位大哥时刻抱着回家养老的心态，带不动啊！另外，翟让想与他搞切割，也是显而易见的。

李密十分清楚，瓦岗军是目前全国各路起义军中势力最大的一支，他如果想干一番事业，背靠这棵大树可以事半功倍。就瓦岗军内部来说，虽然他的蒲山公营经过严格训练，已经有点儿正规军的架势，但是瓦岗军的核心人物大部分云集在翟让麾下，不是他李密一厢情愿就能指挥得了的。眼下翟让以分家相逼，来软的呢，李密放不下自己的身段；来硬的呢，天底下坐山为王的哪个吃这一套？情急之下，李密还是决定摆事实讲道理，对翟让动之以义，晓之以理。

李密列出三个瓦岗军应该继续进兵的理由：首先，连年征战导致大隋政权岌岌可危，各地武装力量竞相起事，老百姓生活于水火之中。翟让拥有杰出的才干，统率着骁勇强大的瓦岗军，应以平定天下为使命，怎么能做个小小的流寇苟且偷生？换句话说，就是这个自我设定太没出息了。其次，目前洛阳无论是士兵还是百姓，全部离心离德，留守的官员也各怀鬼胎，正是搞事情的好时机。最后，如果这个时候翟让带领瓦岗军直取兴洛仓，一是有了争雄天下的物质基础，二是分发粮食赈济穷苦百姓，必定能够收买不少人心，获得争雄天下的群众基础，一箭双雕，完美！

可以说，李密很清楚瓦岗军存在的问题，这也是大部分农民起义军的通病。对于一支军队来说，战斗力只是它的一个方面，决定其发展水平的是战略目标的设定，这好比给一辆车配置了 GPS（全球定位系统），即拥有了率先到达目的地的核心竞争力。翟让是手握四驱车方向盘的司机，李密给翟让提供了高端的 GPS 导航服务，但是这位大哥并不向往诗和远方，铆足了劲儿倒着开，你说气不气人？李密发言完毕，翟让不出意外地又怂了："我本是个山野小民，混到现在已经知足了，根本没想过这么多。不然，你行你先上，后面的事咱再商量。"李密一看还是带不动，相当于自己给瓦岗军量身定制了完美策划案，主动请翟让做甲方，他都不答应。过了这村没这店，等你找我商量的时候，我还不一定愿意呢。

事实证明，占卜师贾雄的话净是胡扯，什么"蒲草非泽而不生"纯属扯淡，李密和翟让道不同不相为谋，决定分道扬镳！翟让率瓦岗军主力，携带大量辎重离开荥阳，向东踏上归途；李密则带着自己人西行至康城，开始放飞自我，追逐理想。不得不说，李密单飞之后日子过得很不错，和翟让分开没多久，就不费吹灰之力拿下了康城周边的几座城池，不仅收缴了许多粮食财宝，还接纳了不少英雄好汉。消息传到翟让的耳朵里，这下他又后悔了，心里寻思道："难不成这李密真的是天选之子？蒲草非泽而不生，我得去助他一臂之力。"于是，瓦岗寨也不回了，掉头回来找李密。

这一番折腾，翟让成功地从主动变为被动，从甲方变为乙方，也成功地让手下的将士看扁了他：这位大哥虽说创立了瓦岗军，让大家有了落脚之地，但是没有理想没有抱负，跟着他混，最多就是领了养老金回去养老，一辈子看到了头；李密不一样，世袭贵族的身份让他称王称霸具有合法性，再加上有脑子有思想，必定是明日之星，也是众望所归。

李密一看翟让带着大部队回来了，倒是很有大家风范，正好共商夺取兴洛仓的大计。之前李密劝说翟让共同谋取东都，就在他犹豫不决之际，李密提前进行了准备工作——派亲信裴叔方去窥探洛阳的动态。结果这位间谍行动随意，忘乎所以，暴露了行踪，反而被留守洛阳的官员发现李密图谋不轨，开始加强防御工事，同时给远在江都的隋炀帝发了加急报告。在这种情况下，李密对翟让说："形势已然如此，我们必须发起进攻，兵法中说'先则制于己，后则制于人'，越晚行动越被动。大哥如果能亲率大军，轻装上阵袭取兴洛仓，就算是距离一百多里的洛阳也来不及派兵救援。"此时，翟让精神上已经臣服李密，管它什么先制后制，老子也听不懂，李密说啥是啥，干就完了！翟让把发号施令的最高权力让渡给李密，请李密做主帅，自己甘愿殿后，实际上是主动并明确地让出了第一把交椅，瓦岗高层就此实现了权力的和平交接。

二、兴洛仓之战

隋大业十三年（617年）二月初九，李密和翟让率精兵七千人从阳城背面出发，翻过方山，由罗口成功偷袭了兴洛仓。兴洛仓建于大业二年（606年），位于洛河入黄河之口，在大运河新兴的庞大水运网中，恰好成为三岔口，具有举足轻重的战略地位。据史料记载，兴洛仓城周围二十余里，有三千个窖仓，每窖容八千石，即可仓储粮食两千四百万石。当时有一种说法：得兴洛仓者便能够称帝，丢了兴洛仓便可能亡国，可见是多么重要的粮食保障基地了。

按照之前的计划，夺取兴洛仓之后，李密立即开展了皇粮全民免费大派送活动，目的是最大范围地收买人心。消息很快在十里八乡传开了，老百姓拖家带口如潮水般涌来，凡是能装粮食的家伙什儿都带来了，什么麻袋、大桶、锅碗瓢盆齐上阵，派粮场地多少天被围挤得水泄不通，队伍绵延几十里，场面一度失控。古往今来，老百姓是最容易满足的群体，只要让他们吃饱喝足，过上太平日子，他们就会由衷地念你的好。领到粮食，民众开始口耳相传："李密忧国忧民，日后必得天下，大家参军一定找李密啊！"很多老百姓就地加入了瓦岗军，瓦岗军队伍迅速壮大起来。

兴洛仓失守，大隋朝廷怎能善罢甘休，没有粮食保障，不仅老百姓会抛弃你，军队内部也人心浮动。留守洛阳的越王杨侗派遣虎贲郎将刘长恭率步骑两万五千人讨伐李密，而实际上，杨侗并没有直接给刘长恭两万五千人马调遣，而是给他这么多数量的名额，当然也划拨了部分现成的官兵，剩下的就靠刘长恭自己去招募了。

为什么说打仗必须知己知彼？从临时招募兵马这件事就可见朝廷不了解形势的严峻性。李密从朝廷里出来，但是留守洛阳的领导层并不了解他的政治理想和战斗力，把他等同于普通的盗贼流寇，认为他与那些起事求温饱的乌合之众没什么区别。很多人见兴洛仓失守、朝廷招募官兵平乱，头脑里充满浪漫主义激情，以为自己的机会来了，正好趁此机会青云直上。因此，刘长恭的招聘工作进展神速，场面极其火爆。来看看是些什么人投军，简直让人大跌眼镜：首先是国子监的老师和学生们，就好比现在清华和北大的师生不好好研究学问，投笔从戎了，你说稀不稀奇？其次是皇亲贵胄和功勋子弟，日常甚是惜命，这时候也跑出来参军了，可能是觉得刀剑长眼睛，自己动动手指头，敌人就会倒在面前；还有一些把之乎者也、孔孟颜曾常挂嘴边的读书人。总而言之，这样一队人马很快招募完毕。整装待发之日，这些人鲜衣华服，旌旗钲鼓，斗志比正规军更加高涨。

刘长恭领兵东出洛阳的同时，杨侗下令河南讨捕大使裴仁基率部自虎牢西进，两军在兴洛仓城南会合，联手剿灭瓦岗军，一切似乎天衣无缝、尽在掌握。天色微蒙，刘长恭一行人行至约定位置，裴仁基部还没有按时到达。这种情况下，正常人的安排如下：将士们昼夜行军已经非常疲累，正好起灶做饭，稍事休息，饱餐一顿之后，说不准裴仁基的部队也来了，什么都不耽误。按说虎贲郎将是个不小的官，相当于现在的中央警备团团长，担负着保卫最高领导人的重任，怎么也得略懂兵法谋略，领兵打仗就算不能指挥若定，至少发挥正常吧。可惜刘长恭不是正常人，也无法正常发挥，他抱着和裴仁基抢功的心态，下达军令：立即准备与瓦岗军决战！将士们本来一路狂奔，肚子饿得咕咕叫，此时以为自己幻听了，纷纷猜测：难道长官如此安排自有深意？不好意思，什么深意都没有，纯粹是一个不过脑子的命令。

刘长恭虽说不擅长指挥打仗，但是很不幸地浑读了几天书，知道一个成语叫"灭此朝食"，这个成语出自这样一个典故：公元前589年，齐顷公带领大军入侵鲁国，继而挺进卫国，鲁、卫不敌，向晋国求援，于是三国联手迎战。双方约定第二天在鞌会战，但是齐顷公根本没把对方放在眼里，一大早就催促将士们出兵："等我们先把敌人消灭掉再回来吃早饭！"结果因为准备不足，齐军大败，齐顷公差点沦为阶下囚。现在的字典里"灭此朝食"一词多用来形容消灭敌人的急切心情和必胜信心，但在当时乃至后世很长时间，只不过是流传下来的一个笑柄、一个骄兵必败的典型案例。可能刘长恭认为这个成语很拉风，很长自己的威风，作为战前口号还显得自己有文化。

李密通过打探早已得知隋军东西夹击的战术，于是将瓦岗军编成十队，其中四支队伍埋伏在横岭，负责阻击裴仁基，六支队伍列阵石子河（在今河南巩义）东，准备迎战刘长恭。瓦岗军和隋军实力悬殊：人数上，隋军占优势；专业性上，隋军占优势；斗志上，隋军的募兵早就等着建功立业；领袖魅力上，刘长恭本质上很菜，但表面上看起来像那么回事，翟让可是菜得表里如一。这一对比，不知李密和翟让作何感想，刘长恭却产生了盲目的自信：兄弟们上啊，还等什么呢，我们的机会来了！

117

甫一开战，不出所料地，瓦岗军不是隋军的对手，几乎要败下阵来，李密再是天选之子，也不可能搬来天兵天将，只能与翟让硬着头皮应战。这一场战役，瓦岗军很好地展示了什么叫命悬一线，隋军的作战气势只要继续维持一会儿，胜利应该就属于他们了。但隋军很好地展示了什么叫摧枯拉朽，本来上半场大比分领先，一路躺赢的趋势，可是仗打着打着，将士们开始体力不支，手软脚软，队伍变形，节奏混乱，情势陡转直下。那么，如何解释这一现象呢？就好比明明跑的是马拉松，但是参赛运动员经验不足，求胜心切，鸣枪之后用力过猛，使出了百米冲刺的力气，你说后面还有力气吗？跑完全程都难。

于是，在原本占据绝对优势的情况下，由于刘长恭掉书袋式的打法，突发奇想"灭此朝食"，隋军在石子河之战中大败，被瓦岗军斩杀的将士有十之五六。刘长恭脱下将领的战袍，化装成普通士兵才得以逃脱，回到东都上演了一哭二闹三上吊的谢罪戏码，越王杨侗竟然赦免了他，还派人安抚慰问。至此，洛阳再也派不出多余的兵力抢回兴洛仓，大隋政权受到重创，进入全面防守的被动局面。

群雄四起

一、大魏政权建立

瓦岗军于石子河大败刘长恭部，巩固了兴洛仓之战的成果，将这一国家级粮仓妥妥地收入囊中。连续几次战役的胜利，使瓦岗军士气大振。自从李密树立了争雄天下的奋斗目标，瓦岗上下的心态有了质的变化。对于基层将士来说，基本需求当然是跟着当家的打拼提高胜率，在乱世里降低生命危险，顺便多捞些物质上的好处，再往远处想，一旦成功，多多少少能获得新政权的原始股，晋升中产阶级不在话下。对于瓦岗中层和高层来说，基础需求也和士兵们一样，现在他们看到了更大的希望，找到了前所未有的使命感和成就感，新政权一旦建立，还能混个大官儿当当，祖坟算是冒了青烟了。这些愿望，是翟让无法带领他们实现的。

兴洛仓战役之前，瓦岗军的实际控制权已经交到李密手里，翟让主动退居第二把交椅，听从李密调遣。经过两次战役，瓦岗军上下对李密更加心悦诚服，大家心照不宣地等着一个正式交接仪式。翟让到底不是一般人物，他承认李密在身世、能力、谋略、功劳等多方面碾压自己，最终决定尊重广大民意，让贤给李密，给了他"魏公"的尊号。

隋大业十三年二月十九日，瓦岗军在巩县城南郊外设立祭坛，李密祭天登基称魏公，建立大魏政权，年号永平，下发文书落款为行军元帅魏公府，效仿隋朝设立三司、六卫。从此，瓦岗军进入李密主政的时期，为自己掀开了新的历史篇章。李密建政之后，首先自然要拜封翟让及众元老，让兄弟们高兴一把：拜翟让为上柱国，授予司徒官衔，封为东郡公，任命单雄信为左武候大将军，徐世勣为右武候大将军，房彦藻为元帅府左长史，邴元真为元帅府右长史，杨得方为元帅府左司马，郑德韬为元帅府右司马，祖君彦为元帅府记室，其他人各按等级授予官职。同时，司徒府也有权设置长史以下官员，数目是元帅府的一半。

放眼望去，李密侧重封赏了翟让及其手下将士，让他们在新政权中担任重要职位，大有安抚和拉拢的意味。李密自己人只有房彦藻和祖君彦两个，可以说相当低调了。其中，房彦藻早期参与了杨玄感兵变，失败后隐姓埋名逃亡在外，与李密经历非常相似，后来追随李密一起投奔瓦岗军，属于知根知底的亲信，元帅府大总管非他莫属。祖君彦原本在东平郡做秘书，对隋朝统治颇感失望，东平被翟让攻克之后，他索性投奔翟让加入瓦岗军。可惜一身书生气翟让欣赏不了，因此不怎么搭理他，李密看中他的才华，让他在元帅府做回秘书的老本行。

现代人买车买房，有条件的话喜欢选择大品牌，毕业找工作，如果世界五百强愿意要咱，咱根本不会犹豫。什么原因？大品牌值得信赖。所谓站在更高的平台，能够看到更广阔的风景。这不是从现代才开始的，古代人做事即讲究名分，"名不正则言不顺，言不顺则事不成"，比如刘备创业初期，为什么老百姓认为他是最大潜力股，本质上是冲着刘皇叔汉朝宗室的出身。隋朝末年"十八路反王，六十四路烟尘"，起义军多得很，很大层面是名分、品牌之争。

如果隋末农民起义有广告语，民间可能会流传一句"农民起义哪家强，河南兴洛找瓦岗"。相较于其他野路子来的起义军领袖，李密出身"四世三公"的超级贵族，本就具有名分上的正当性；兴洛仓之战，使得瓦岗军具备了其他队伍无可比拟的物质基础；李密建立大魏政权，无异于树起响当当的招牌，这块招牌与"桃李子，得天下"的预言交相呼应，天下各路英雄无不侧目。据史料记载，赵、魏以南，江、淮以北的起义军纷纷归附，包括起义大佬齐郡孟让、平原郡郝孝德、汲郡王德仁，起义新生代济阴房献伯、上谷王君廓、长平李士才、魏郡李文相等，都深知大树底下好乘凉，此时加入瓦岗"托拉斯集团"，准备将来分一杯羹。

兴洛仓是大隋的粮仓，又是扼住洛阳咽喉的战略要地，李密建政于此，旨在以兴洛仓为大本营谋取洛阳，于是命人将其扩建为周长四十里的城池，命名为洛口，还请护军将军田茂广督造了一种作战时发射石块的武器，共三百具，命名为"将军炮"。架势拉开了，意图很明显，李密与瓦岗军要镇守在这里，与洛阳政权死磕到底。

客观来说，将洛口城建设为准都城有利有弊，好处前面已经说了，弊端短时间内不一定看得出来：正是因为李密坚守在此，形成与大隋都城正面交锋的对峙局面，让主政者时刻以为祸患，欲除之而后快；从长期的战略上来看，洛阳不可能一日拿下，洛口又不可能放弃，如同鱼刺卡在喉咙里，吞不下去，吐不出来，相当于一步落子，活棋变死棋，需要消耗大量的军力和精力死守。从这时候开始，李密的职业生涯以两城对峙为主旋律，人生无限的欢歌与悲歌都依此唱响。

李密很清楚大隋的官员是什么货色，更何况杨广南下之后，政权内部人心惶惶，个个处在心怀鬼胎的观望状态。一个拳头砸下去，妖魔鬼怪现形不在话下。李密派元帅府左长史房彦藻率兵出击，安陆（今湖北安陆）、汝南（今河南汝南）、淮安（今河南泌阳）、济阳（今河南开封市东）等河南诸郡县纷纷倒戈，曾经追捕过李密的淮阳太守赵佗也举郡来降。在战局一面倒的情势下，李密派齐郡公孟让率步兵二千入洛阳外城，瓦岗军在城外大肆抢掠，还放火烧了丰都市，于是朝廷把外城的居民集体迁入宫城，台省府寺都塞满了人。旁边的巩县一看坐不住了，县长柴孝和、监察御史郑颐遣使归降李密，李密一一给了任命。

二、裴仁基归降李密

以上并不稀奇，谁都没想到的是，这时候出现了一条爆炸性新闻：河南武装讨伐叛军的头号长官讨捕大使裴仁基率部归降李密！此消息一出，洛阳为之震惊！裴仁基家族几代效忠朝廷，爷爷是北周骠骑大将军裴伯凤，父亲是上仪同裴定，有如此优秀的武将基因，他本人更是善于骑射，骁勇善战，做过隋文帝杨坚的亲卫。在灭亡陈朝、攻打吐谷浑和靺鞨的战事中多次立过战功，深受朝廷信任。张须陀战死沙场之后，裴仁基继承了他的部众和事业，负责镇守虎牢关，没让李密占到一点便宜，也是相当不简单了。

镇守有功的情况下，朝廷本应该按例封赏，鼓舞将士们再接再厉，可是朝廷的相关行政官员正事不做，整日忙着打算盘、捞好处、搞内讧。强敌当前，士气低迷，在没有办法的情况下，裴仁基只好把每次打败叛军缴获的军资当作奖励，全部赏赐给将士们。古往今来没有例外，关键时刻总有小人会跳出来刷存在感，这些人不在第一线做事，出了问题也不用担责，但是时刻盯着一把手，看你混得好就出来指手画脚。明明是上级官员办事不力，一线长官为了顾全大局临时调整办事规矩，但一旦被他们发现什么这些所谓的"纰漏"，顿时两眼冒光，动辄打小报告，更有甚者玩阴招，监军御史萧怀静就是这种角色。他认为裴仁基不按规矩办事，有利用军资收买人心的嫌疑，开始有目的地搜罗裴仁基的罪状。

裴仁基被瓦岗军阻击，没有按照约定的日期到达兴洛仓，又有报告说刘长恭部已经战败，哪里还敢继续进军，退守于百花谷加固营垒，以待后续。偏巧这时候冒出个萧怀静要上奏弹劾他，认为他故意延迟未到，才导致隋军大败。裴仁基处境颇为艰难，一时不敢轻举妄动。李密敏锐地感受到裴仁基内心正汹涌澎湃，马上派人递出了橄榄枝。

裴仁基已有了主意，但投降这种事总是要假于他人之口，他问幕僚贾闰甫道："先生怎么看？"看过《隋唐演义》小说的可能得说了，这位不就是众英雄歃血为盟之地的主人——贾柳楼的店主？没错，正是这位！这家客店是他和表兄弟柳周臣合开，贾闰甫相当于董事长，柳周臣相当于总经理。瓦岗英雄的前身即在此结拜的贾柳楼四十六友，第二十二位是贾闰甫，结义的四十六友先以程咬金为首，后以李密为首，贾闰甫等追随人员均有任职。历史上也确有贾闰甫其人，他原是李密的谋臣，李密叛唐时，贾闰甫劝说李密，差点因此丢了性命。后来李密和王伯当死于唐军的乱箭之下，贾闰甫得以保全，并在唐朝继续做官，可见是很有些智慧的人物。真实历史中，贾闰甫还是个传记作家，写了李密那些年的那些事儿，厚厚三卷本的传记记录前东家。

贾闰甫当然知道裴仁基是什么意思，顺水推舟答道："有啥可看的，天下大势无人可挡，大丈夫应顺势而为！"裴仁基接着问："那萧御史如何处置？"贾闰甫说："将军干吗担心一个小小的角色，萧怀静现在像站在树枝上的鸡，如果他不能灵活应变，您完全可以一刀解决了他。"裴仁基听从贾闰甫的意见，派他去向李密请降。李密大喜过望，言辞恳切地给裴仁基写了一封慰问信。裴仁基本意是想给萧怀静留条性命，结果这位老毛病改不了，又给朝廷打小报告，逼得裴仁基把他杀了。接着，裴仁基带着部众以虎牢关为厚礼公开投降李密，李密则封裴仁基为上柱国、河东郡公，任命贾闰甫为元帅府司兵参军兼直记室事。再说虎牢关，南连嵩岳，北濒黄河，山岭交错，自成天险，因周穆王在此牢虎而得名，唐代改名武牢关，为啥呢？前面说过了，李渊的爷爷叫李虎，古代人为尊者讳。有好事的读者又要问了，那唐代老虎们也得改名不成？没错，唐代人翻了翻古书，决定把老虎改名叫作大虫。这一叫不要紧，好几个朝代没改回来，看过《水浒传》的朋友们一定知道，武松打的不是老虎，是吊睛白额大虫！

书归正传，裴仁基这一归降不要紧，给瓦岗军团队带来了几个鼎鼎大名的英雄，彪炳隋唐乃至整个中国古代历史史册。

首先是裴仁基长子裴行俨，字守敬，李密封他为上柱国、绛郡公，为什么地位这么高呢？除了有个了不起的爹，裴行俨早年追随张须陀，骁勇异常，《隋书》中记载他"每有攻战，所当皆披靡，号为万人敌"，可见战力非同一般。演义小说中的第三条好汉、隋唐八大锤中的银锤将裴元庆的原型就是这位裴行俨！裴仁基还有一个儿子两年后出生，名叫裴行俭！他的主要经历在初唐，一生成就不小，不只在政治和军事上均有建树，在文学和书法上也是一代大家，堪称全能型人才！

再有，张须陀兵败阵亡之后，手下的将士划归裴仁基指挥，其中最重要的战将秦琼和罗士信哥儿俩，此时跟着裴仁基也来到了瓦岗寨！

公元 617 年，大隋江山硝烟遍地，群雄四起，称王称霸。

窦建德在河间、乐寿（今河北献县）两县交界登基，自称长乐王；徐圆朗起兵，占据琅琊（今山东临沂）以西、东平（山东东平县东南）以南；杜伏威大败隋将陈棱八千精兵，一路破高邮，下历阳（今安徽和县），自称大总管；卢明月于河南淮北拥兵四十万，号称无上王，结果被江都通守王世充所诛；鹰扬郎将梁师都占据朔方，自封大丞相，向东突厥称臣；马邑（治今山西朔州）鹰扬尉刘武周攻陷楼烦（治今山西静乐县）、定襄（山西省忻州市）称王，亦向东突厥称臣；金城府校尉薛举反隋，称西秦霸王，尽有陇西之地，后改称秦帝，迁都天水；武威鹰扬府司马李轨聚众起兵，自称河西大凉王……

公元617年，李密带领瓦岗军攻取兴洛仓，建立大魏政权，称魏公。公元617年，天下各路起义军的洪流仿佛有了统一汇聚的方向，归降瓦岗者如百川入海，络绎不绝。李密悉心予以安置，尽量给他们统领旧部的权力。瓦岗军兵力迅速膨胀，一时号称百万之众，李密成为反隋浪潮中最有号召力的盟主。自此，瓦岗山上，旌旗蔽日，战鼓雷鸣，秦琼、罗士信、程咬金、裴行俨、牛进达、王伯当、谢映登、魏徵、张亮等各路英雄齐聚一堂，开始谱写隋末唐初的史诗篇章！

曲折的回洛仓争夺战

一、实力倍增的瓦岗军

隋唐之际，烽烟四起，风云激荡，各路英雄是你方唱罢我登场。大家熟悉的隋唐英雄形象，基本来自清代小说《隋唐演义》《说唐全传》，以及当代评书和影视剧。这些人物形象栩栩如生、脍炙人口。比如程咬金，使的是一把八卦宣花斧，著名三板斧其实是三个招式：掏耳朵、劈脑袋、剔牙齿，后来他做了瓦岗寨大领导，尊号"混世魔王"；又如秦叔宝，胯下一匹黄骠马，手使一对熟铜双锏，为人义薄云天，人送外号"小孟尝"；再如大隋五路绿林总瓢把子单雄信，能掐会算、料事如神的牛鼻子老道徐茂功，手使八棱梅花两银锤、接李元霸三锤而名扬天下的裴元庆（原型裴行俨），被称为大隋"擎天白玉柱，架海紫金梁"的靠山王杨林等。这些传奇人物与史书中的记载有何不同呢？让我们一起走进真实的历史看看吧。

隋大业十三年，改朝换代最后的号角吹响，全天下局势如同煮开了锅一样，所谓"十八路反王，六十四路烟尘"不过是个概数，反隋势力的真实数字没办法统计。

稳定统一的政局叫政局，四分五裂、支离破碎的政局只能叫江湖。隋炀帝杨广好比失势的、名义上的武林盟主，此时龟缩在江都不敢出来，北方统治区域几乎被吞噬殆尽，只剩下洛阳、长安两京和几座孤城，留守者也不乏想法。各路起义军相当于江湖上形形色色的帮派，开始小打小闹了几年，在竞争中逐渐实现优胜劣汰。其中，李密带领的瓦岗军脱颖而出，成为江湖第一大帮，引各路帮派纷纷归顺或依附，李密才是实质上的武林盟主！

但是，随着实力的迅速膨胀，瓦岗军派别林立，关系越发错综复杂，内部组织关系和《水浒传》中宋江上梁山之后的形势很像，水泊梁山一百单八将主要分为晁盖元老派、宋江派，以及降将派、二龙山派、登州派等其他派系，那么，元老派和宋江派之间的矛盾对立是怎么化解的呢？施耐庵直接让托塔天王晁盖中了史文恭的毒箭一命呜呼，宋江顺理成章当上梁山泊的老大。但这是小说里的解决方案，不论明箭、暗箭，箭有没有毒，作者一个人说了算，死了一了百了。

处在现实中的瓦岗军解决内部矛盾不可能如此简单。开始的确看起来太顺当了：带头大哥翟让很有自知之明，李密的身世和才能亮瞎了众人的眼，为了瓦岗军共同的美好明天，他甘愿主动退居第二把交椅，推李密为魏公。翟让等瓦岗元老均有封赏，各路人马陆续加盟，大有天下归心之势。

瓦岗军的核心思想虽说是一致的——反隋，可依附的势力却有不同。时间长了，阵营分化非常明显。一边是以翟让为首的东郡公府，包括与翟让一起上了瓦岗寨的创业亲友：哥哥翟弘和侄子翟摩侯，老乡单雄信、徐世勣，部将王儒信等。就算是翟让主动退居二把手，东郡公府众将士也免不了心里犯嘀咕，不愿意向一个"外人"俯首称臣。另一边当然是以李密为首的蒲山公营，归附瓦岗的隋朝官员、各路起义军，大部分是冲着李密的威望来的，因此投在他的麾下。

鉴于瓦岗军人数众多但大部分是依靠粮仓新招募的非正规军，一旦打起仗来没有实质战斗力，李密的强军思想开始形成。李密认为强将手下无弱兵，在瓦岗军众多英雄中，他对秦叔宝、罗士信、裴行俨和程咬金尤为青睐，于是任命四人为骠骑将军，并从军中挑选骁勇出众者八千人，分属四支队伍，由四人分别统领，称为内军或内马军，相当于现在的特种部队。李密对自己编制的内军非常得意，认为有了这四位猛将统率这八千人，就足以抵挡上百万的军事力量。先来介绍一下这四位哥吧：

秦琼，字叔宝，齐州历城人（今山东济南历城区）。小说演义中秦琼的父亲秦彝是南陈朝上将，手中一杆虎头錾金枪，秦家铜法天下闻名，而真实历史中秦家是个文官世家。爷爷秦方太任北齐广宁王记室，在当时是五品官，老爸秦季养任北齐咸阳王府录事参军，六品官，算是低阶官僚家庭出身。秦琼初仕隋朝，先后在名将来护儿和张须陀麾下效力，农民起义遍地开花的时候，秦琼跟随张须陀平定了卢明月、孙宣雅叛乱，因为战功晋升为建节尉。张须陀兵败后效力于裴仁基帐下，后来跟着裴仁基上了瓦岗山。

和秦琼绑定的好兄弟罗士信，也是秦琼的小老乡，一起来了瓦岗寨。真实历史中的罗士信不仅不是傻小子，相反还很有谋略，勇武方面也胜过秦琼，可以称得上隋唐第一勇士，不然为什么平定卢明月之乱后，隋炀帝请画师给罗士信画像，没有给秦琼画呢？罗士信投在张须陀麾下的时候才十四岁，是名副其实的少年英雄，可惜天妒英才，二十岁出头就惨死在刘黑闼手中。

这时候，隋唐历史上一个家喻户晓的人物出现了，与秦琼前后脚来到瓦岗寨，两人性格投契，情同手足，从瓦岗寨相识到后来一起为大唐立下汗马功劳，有福同享有难同当，成为志同道合的生死兄弟。

没错，这人就是程咬金！知名度超高，谁不知道他的三板斧？谁不知道"半路杀出个程咬金"？历史上的程咬金，济州东阿（今山东东阿西南）人，有一个完全突破各位想象的名字——程知节！演义中他出身贫寒，实际上他家里四辈都是做官的，太爷爷程兴是北齐兖州司马，爷爷程哲是北齐晋州司马，老爸程娄是隋朝的济州大都督。大业六年，国内第一波起义兴起之际，山东盗贼横行，程咬金即组织了一支数百人的民兵武装保护乡里。大业十三年，瓦岗军发展如日中天，程咬金权衡了天下形势之后，认为实现地方自治的希望微乎其微，于是带着部下投奔了李密。

个人认为，四大骠骑将军中武力值最高的当数裴行俨，也就是演义中裴元庆的原型。裴行俨跟随父亲裴仁基归降李密，李密封裴行俨为绛郡公，关系也极其亲厚，除了因为他爹的光环，他本人铁定是靠实力吃饭的，史书中评他"每有攻战，所当皆披靡，号为万人敌"。

天下英雄齐聚瓦岗，战事一触即发。李密坐定洛口城，西望洛阳，隋炀帝已经放弃这座都城，洛阳城里只剩杨侗留守。对于李密来说，胜利近在咫尺，不超过洛口城到洛阳的距离，只要一朝夺取洛阳，谋取天下就有了最大的权重。当务之急，李密准备继续实施自己占领粮仓的军事战略，他瞄准了位于洛阳城北的另外一个国家级粮仓——回洛仓！

二、回洛仓之战

现位于洛阳市瀍河乡小李村的回洛仓遗址是全国重点文物保护单位，2004 年被首次发现，经过长达十年的发掘，它的全貌展现在世人面前。回洛仓城呈长方形，东西长一千米，南北宽三百五十五米，仓城城墙厚约三米，内部有内径十米的仓窖，东西成行、南北成列约有七百座。每个仓窖可以贮存粮食约五十万斤，整个仓城可以储粮三十五万吨。回洛仓负责当时洛阳城内皇室和老百姓的粮食供应，只要拿下回洛仓，占据附近的金墉城和偃师，就基本摧毁了隋军的防御体系，到时候再图洛阳，将如取囊中物一般。

留守洛阳的越王杨侗是隋炀帝的孙子，元德太子杨昭的二儿子，史书上称他"美姿仪，性宽厚"，隋炀帝虽然自己暴虐，倒是很喜欢这个性情宽厚的孙子。杨侗两岁就被册封为越王，从那时候开始，每次隋炀帝出巡在外，都会让杨侗留守洛阳，可见对他喜爱和信任的程度。此次驻守，杨广安排了光禄大夫段达、太府卿元文都、检校民部尚书韦津、右武卫将军皇甫无逸和右司郎卢楚为辅政大臣，并且留下二十余万精兵归杨侗调遣。

不得不说，杨广低估了起义军蓬勃发展之势，更没有料到李密带领瓦岗军对着洛阳附近的两个粮仓死磕，已经拿下一个兴洛仓，还要对回洛仓下手，这不是明摆着要大隋的命吗？大业十三年，李密和杨侗围绕着回洛仓进行了若干拉锯战，大大小小的战斗持续多个回合，粮仓在瓦岗军和隋军之间来回易手，好不热闹！

大业十三年四月十三日，李密派裴仁基、孟让率领精兵两万余袭取回洛仓，拉开了回洛仓之战的帷幕。《孙子·计篇》有言"攻其无备，出其不意"，隋军万万没有料到一个粮仓喂不饱瓦岗军，在这种情势下疏于防范，裴、孟二人竟然一举拿下回洛仓！惊不惊喜，意不意外？可惜，还有更意外的呢！按理说，打仗这件事，裴仁基是专业选手，就算孟让是业余的，搭配起来也应该不会太有失水准。但队伍的整体水平从来不取决于水平最高的那位，而是精准地与水平最低的看齐。本来攻下了回洛仓后应该努力保护胜利果实，可是孟让做土匪做了半辈子，烧杀抢掠已经成为无意识反应，看到洛阳城这繁花锦绣之地、温柔富贵之乡，哪还有自控能力？而城里有二十余万精兵等着呢！隋军虽然尿，但哪里见过如此猖狂的盗匪，敢在太岁头上动土，出来就给瓦岗军一顿胖揍，揍得两万多大军死伤过半，狼狈而归。非但如此，这一战成功起到了打草惊蛇的作用，隋军一看口粮不保，赶快将回洛仓的大量粮食进行了转移。

看到此种结果，李密气得肝儿疼，抱着"趁败追击"的心态，亲自带了秦叔宝和程咬金，以及他们二位手下的内军骠骑人马，杀了回来。果然是内军上阵，身手不凡，李密再次夺取了回洛仓，一鼓作气向偃师和金墉城发起攻击，但这两座城是有名的易守难攻，被瓦岗军一通猛攻依然固若金汤。在没有办法的情况下，李密于四月十五日率军返回，回洛仓仍属隋军之手。

围绕回洛仓的第一场恶战前后持续了三天，胜利和失败来得太过突然，双方都有点蒙，回不过味儿来。小做休整之后，李密这边内心独白：不行，必须干到底！隋军这边内心独白：小样，有种再来啊！

休整三天之后，瓦岗军集团与洛阳隋军集团围绕回洛仓的第二场争夺战正式拉开帷幕，李密亲率大军三万再次向回洛仓杀奔而来！这一次还是轻松拿下回洛仓，他吸取了之前急于求成的教训，没有急攻偃师和金墉城，而是先在回洛仓修建防御工事。粮袋子是全城军民的生命线，杨侗紧急派光禄大夫段达等人领兵七万去夺回回洛仓，结果在瓦岗军的奋力抵抗之下大败而逃。魏军再一次打赢了以少胜多的战斗，并且两个国家级粮仓到手，士气顿时到了历史高点，李密也不免飘飘然。

胸怀天下三十余年，李密此时感受到夺取天下指日可待，按捺不住内心汹涌澎湃，授意秘书祖君彦写了一篇洋洋洒洒的檄文，题为《为李密檄洛州文》，悉数隋炀帝弑父、乱伦、嗜酒、劳民、滥赋、兴役、征辽、滥诛、卖官、无信十大罪状。

十大罪状写罢，李密仍然觉得意犹未尽，认为无法覆盖隋炀帝犯的罪、造的孽，太费纸了，干脆整了一个夸张句："罄南山之竹，书罪未穷；决东海之波，流恶难尽。"直接给后世发明了一个成语——罄竹难书。杨广正龟缩在江都醉生梦死，冷不丁打了个喷嚏，定有刁民想害朕！果不其然，李密的檄文大字报此时已经贴得到处都是，大丈夫可杀不可辱，杨广的自尊心被强烈激发起来——老虎不发威当我是病猫啊！他立即下令，命监门将军庞玉、虎贲郎将霍世举率关中精锐部队增援东都。

　　原巩县县长、新归顺而来的柴孝和可谓人间清醒，这时候看大批官军从关中集结，驰援洛阳而来，开始给军事战略家李密上战略课："关中得尽天险，自古是兵家必争之地，项羽因为离开这里而灭亡，刘邦在这里建都而实现了霸业。照我的想法，不如请河东郡公镇守回洛仓，请东郡公镇守兴洛仓，您亲自挑选一支精锐部队突袭长安。攻克长安相当于给瓦岗军一根定海神针，以长安为根据地巩固根基，等时机成熟再谋取洛阳，到那时大隋倾覆指日可待。如今天下英雄豪杰争相竞逐，一旦被人抢占先机，世界上没有后悔药啊！"

　　后来的历史大家都知道，不幸被柴孝和言中：李渊父子从晋阳起兵，一路势如破竹，仅用五个月时间就攻入长安，挟天子以令诸侯，最终夺取皇位。

旁观者清,当局者迷,四年前杨玄感叛乱,李密给杨玄感上、中、下三策,上策攻打涿郡,扼守榆关,截断隋炀帝东征的回国之路;中策进军长安,占据关陇集团的老巢,与隋炀帝东西对峙;下策才是直取都城,攻打洛阳。轮到自己头上,不知是得了健忘症,还是形势比人强,竟然选择了下策,理由如下:"你这个战略确实不错,我也想过,但是杨广虽然失势,追随他的人还是不少的。瓦岗军都是山东人,攻不下洛阳他们怎么可能跟着我入关? 你别忘了,这是一帮盗匪出身的人,我走了说不定就起内讧了,到那时就玩完了。"

　　既然想争雄天下,无异于一场豪赌,有赢就有输,与其故步自封,不如彻底放手一搏。但李密的担心也不无道理,瓦岗军虽然如日中天,毕竟班底人马大多来自潼关以东,没有什么长远的理想和抱负,攻不下洛阳,强行入关西进,不一定有那个战斗力。我们来分析一下瓦岗军的人员成分及其心态。

　　首先是元老派。表面上翟让主动让贤,实现了政权的平稳过渡,但东郡公府的创业元老们情感上依然忠于翟让。李密一方面需要维护元老派大股东的利益,另一方面在工作上得保证有突出业绩,若是打几场败仗,这些人可不是省油的灯。

　　然后是以裴仁基为代表的降将派。无论是裴仁基这样的大将,还是不知名的郡县小吏,要么是受到朝廷的排挤、同僚的陷害,不得已而为之,要么是迫于形势只能选择反隋,有哪个是自愿自主做出这样的选择呢？几乎没有。这些人可以用，但是必须加以防备。

再就是秦叔宝、程咬金、罗士信这些实力派选手。他们归附于李密，是因为瓦岗军是当下最有前途的起义军集团，认为李密有勇、有谋、有战略，愿意跟着高手混，但如果哪一天瓦岗军走下坡路，他们势必见机行事，另寻高明。

还有郝孝德、王君廓、李士才、李文相等扯着队伍来归附的，只能说是集团的外部工作室，拥有独立自治的权力，到了需要真刀实枪去干的时候，他们真愿意发力吗？恐怕想多了。

最后是基本盘——农民兄弟。开仓赈济百姓之后，瓦岗军人数直接飙升至三十余万人，数量是上去了，但是大部分人没有受过任何正规训练，也没有任何作战经验，一旦上了战场与敌人交锋，他们最擅长的就是临阵脱逃。

历史经验告诉我们，任何一个能够取得政权的领袖，无疑都有自己强有力的核心团队，成员忠于领袖，领袖信任成员，因为共同的目标结成牢不可破的同盟。可是看完瓦岗军的团队组成，是不是心凉半截？就连李密亲自编制的内军，四位骠骑将军一时半会儿也捂不热，不能算是他的嫡系部队。不得不说，瓦岗军发展如日中天的同时，存在很大的隐患。

大业十三年，瓦岗军与隋军之间争夺回洛仓的战争进行得如火如荼，杨广命监门将军庞玉、虎贲郎将霍世举率关中精锐部队驰援洛阳。此时，护军柴孝和提出攻取长安的建议，被李密拒绝了。李密深知瓦岗军内部存在的巨大隐忧，没有信心放手一搏——万一攻取长安不顺利，团队可能瞬间土崩瓦解，占据兴洛仓和回洛仓的绝对优势会荡然无存。但是他忽略了一点，洛阳城的守军数量到达了历史高点，想要攻破难如登天。

柴孝和是个好部下，他敏锐地感受到长安就是制胜的密码，被拒之后还是没有放弃，向李密申请之后，带了数十名骑兵准备去陕县先行踩点儿，评估西进策略的可行性。事实证明，瓦岗军的确是炙手可热的存在，柴孝和一行人所到之处，当地的山贼草寇争相来抱大腿归附，没几天就聚集了一万多人。

大业十三年五月，瓦岗军与隋军继续在洛阳城内外对峙。李密求胜心切，两军时常发生猛烈冲突。在一次战斗中，李密不慎被一支流箭射中，被人救回营中休息。主帅身负重伤，这么好的天赐良机，隋军能不搞事情吗？

五月二十八日，杨侗派段达和庞玉率军出战，在回洛仓西北方向列阵，裴仁基带领瓦岗军兄弟出来应战。这时候明显体现出非正规军的心理素质水平了，主帅受伤严重影响了他们的作战心态，更糟糕的是，左司马杨德方、右司马郑德韬两位大将双双阵亡，形势对瓦岗军极为不妙。李密当即决定放弃回洛仓，再次退回到洛口城。柴孝和在关中新招聘的一万多新兵，听闻瓦岗军战败、李密受伤，对瓦岗军的品牌产生了怀疑，瞬间一哄而散，柴孝和无奈之下，只好拍拍屁股回来了。

回洛仓第二回合大战，以瓦岗军失败而告终。更为遗憾的是，瓦岗军也因此错失了先取关中的唯一机会。

经过二十天的休整，六月十七日，李密率领精锐部队第三次向洛阳发起进攻，与隋军战于洛阳城东的平乐园。通过总结前两次的战争经验，李密在排兵布阵方面颇有心得：左边战队置骑兵，右边战队置步兵，中间部署强弩，同时擂动千面战鼓以振士气。隋军大败，瓦岗军再次占据了回洛仓。

三、薛世雄迎战瓦岗军

越王杨侗认为再这么下去，洛阳岌岌可危，立即派太常丞元善达千方百计突围出瓦岗军的辖地，前往江都向隋炀帝禀报："李密为首的瓦岗军如今有百万之众，占据兴洛仓和回洛仓，现在正集中兵力围逼东都，洛阳城内粮草短缺，如果陛下能够率军返回东都，李密等乌合之众必然会溃散，否则东都危矣，大隋危矣！"元善达说得声泪俱下，希望隋炀帝立即班师回朝、主持大局。他求成心切，在江都的大殿上搞得隋炀帝下不来台，始终一言不发。

只能说杨侗太不了解自己的爷爷了，自隋炀帝南下的那一天起，就没想过再回去，更别说如今局势一年不如一年，北方乱作一锅粥，杨广怎么可能置自己于危险的境地呢？但作为一国之君，这话似乎不好说出口。而隋炀帝混到这步田地，身边已经没什么像样的朝臣递上话了，就算原来挺像样的，看到那么多同僚讲真话的下场，也乖乖地改性易志，转头学习察言观色去了，金紫光禄大夫虞世基就是其中典型的一位。他看到隋炀帝不肯接话，明白他压根儿不想回去，赶紧出来说话了："越王年少，一定是被这些人诓骗了。如果形势真像元善达说得这么严峻，他又是怎么跑来洛阳的呢？请陛下明察。"

隋炀帝一下来精神了，因为按照虞世基的说法，元善达欺君之罪没跑了！隋炀帝勃然大怒道："好你个元善达，留你在洛阳辅助越王，你竟敢来此地欺君罔上！"杨广一如既往地会整人，没有直接将元善达拉出去斩了，而是派他到东阳郡去催运粮草，这里可是群盗经常出没的地方，没过多久，元善达就死于非命。

一个朝代行将就木之际，当政者一般处于装睡的状态，装睡的人叫不醒，就算隋炀帝弄死元善达，也改变不了东都被围困的现实，李密和他的瓦岗军是活生生的存在。元善达被杀之后，从洛阳而来的前线战报继续轰炸隋炀帝，不厌其烦地将这位皇帝从自以为是的幻梦中叫醒。

这时候发生了一件历史性大事件！七月初四，李渊在晋阳宫城东的乾阳门街军门前竖白旗誓师，在誓文中历数隋炀帝杨广的种种罪恶。第二日，亲率长子李建成、次子李世民以及义师三万自晋阳挥兵南下，直指关中。

隋朝政权此时正如行至江心的破船，顾得了这头顾不了那头，隋炀帝此时坚定地集中兵力要先灭了李密，当即调遣六路大军增援东都。第一路河北讨捕大使，太常少卿韦霁，他爹是大名鼎鼎的北周名将韦孝宽。第二路河南讨捕大使，虎牙郎将王辩，参加过平定汉王杨谅叛乱、征讨吐谷浑、高句丽之战，颇有战功。第三路河内通守孟善谊，据说是亚圣孟子的直系后代。第四路河阳郡尉独孤武都，这位是杨广的表弟，他爷爷是北周大臣独孤信，老爹是隋朝将领独孤罗。第五路涿郡留守薛世雄，先后参加过对吐谷浑、突厥和高句丽的战争，最出名的事迹是孤军穿越沙漠灭了伊吾国。第六路从江都而来，统帅是江都通守王世充，这一亮相之后，他与李密打得是不可开交。

我们再来看看隋军兵力。薛世雄率领的是河北精兵三万，王世充带着手下骁勇善战的江、淮军共五万，其他四路援兵数量不详，加起来几万总是有的，加上此时洛阳城内的守军二十余万，至少三十多万兵力起跳！这可都是正规军！

作为被上天眷顾的男人，自加盟瓦岗军之后，李密在各类战役中可谓顺风顺水，打败名将张须陀当然是最出色的战绩，后面一路偷袭兴洛仓，几次攻取回洛仓，与洛阳二十万守军对峙也没让对方占多大便宜，还打败了自关中而来的精锐部队……这时候你可能要问了，幸运会常伴一个人吗？我也不太信，但是，正当李密为各路援军赶来大伤脑筋的时候，上天又来眷顾他了。

其实是杨广瞎指挥，他原本调派薛世雄南下统率六路大军合击李密，但不知哪根神经出了问题，不合时宜地嘱咐了一句："所过盗贼随便诛翦。"大概意思就是，顺便把沿路遇到的盗匪也杀光光！

杨广可能是随便说说，薛世雄可没有随便听听。他率领燕地精兵三万奔着河间而来，行至七里井扎下营寨，准备捎带手把窦建德给剿灭了。可是他惊讶地发现，窦建德的军队早已拔寨逃跑了。

薛世雄对窦建德早有耳闻，此人拥兵十万，雄踞河北，正月刚自封了个长乐王，属于觊觎中原的队伍中势力较大的一支。可万万没想到，这位草莽英雄竟然打都没打，溜之大吉了！薛世雄此时露出自信的微笑，深信窦建德是出于对他的恐惧逃跑的，因此连防御工事都没做。谁知道窦建德提前挑了数千精兵埋伏在河间城南的水泽中，这位可不是随便认输的主儿，别管是正规军还是盗匪，是骡子是马拉出来遛遛。

窦建德探得薛世雄虚实之后，立即组织二百八十个人的敢死队向薛营进发，其余人马陆续跟进。但毕竟隋军势大，且正值夏季，昼长夜短，于是出发之前，窦建德和手下搞了个约定：如果行至薛营，仍然是黑夜，就赌一把；如果天色已亮，就缴械投降。只见一行人马上要到薛营了，只剩一里的距离，这时候天色开始蒙蒙亮。窦建德家世代务农，是有些迷信在身上的，他认为是老天爷不帮他，天意不可违啊，不如投降算了。可正在他与部下商量之际，没想到这时候老天爷又改主意了！

大业十三年七月，杨广任命大隋名将薛世雄为讨逆主帅，率精锐部队南下，合兵征讨李密。路过河间之时，薛世雄想起隋炀帝的一句谕旨——"所过盗贼随便诛翦"，于是决定捎带手除掉割据河北的窦建德。窦建德准备放手一搏，带领先锋敢死队夜袭薛营，碰碰运气。开始时运气不好，到达薛营外之时，天色开始放亮。谁承想老天爷不过是开个玩笑。

正当窦建德和部下要缴械投降的时候，天降大雾，大营内外白茫茫一片，人与人离得很近的情况下也难辨面目。窦建德理所当然地认为老天爷在帮他，立即率领一众死士杀入敌营。薛世雄怎么都没料到窦建德会和他玩突袭，放松了警惕和戒备，隋军睡个半醒间听到杀声震天，搞不清楚状况，吓得抱头鼠窜，自相践踏者不计其数。

迫于形势，薛世雄率领亲兵数十骑逃回涿郡，隋军伤亡惨重。老将军一生几无败绩，没过多久，惭愧忧愤而死，终年六十三岁。好在后继有人，他的儿子薛万均和薛万彻武艺超群，投奔了幽州罗艺，后来成长为大唐名将。

隋炀帝在江都听闻薛世雄兵败的消息，心中又惊又痛：薛世雄一支覆灭，讨逆大军立马六路变五路，而且还没到洛阳，主帅先挂了，难道天真要亡我大隋？正所谓福无双至，祸不单行，这时又传来噩耗：山东、河南发洪水了！

大业十三年，山东、河南洪水泛滥，关中地区瘟疫、干旱并行，一时间民不聊生、饿殍遍野。时至九月，隋炀帝终于下令开黎阳仓赈济灾民。正在这个时候，李密收到了魏徵带来的武阳郡丞元宝藏的投降信，元宝藏在信中表示：愿意举郡归附李密，并且请求将武阳改名魏州，同时自请率领部队向西攻取魏郡（今河南安阳一带），向南与诸将会合夺取黎阳仓。

没错，这个送信的魏徵就是后来敢和李世民对着干的大唐有名的谏臣，钜鹿郡（今河北晋州西）人，从小没爹没妈，家境贫寒，一度出家当了道长，因为写得一手好文章，被武阳郡丞元宝藏相中，任命为机要秘书。

李密看了投降信非常高兴，立即拜元宝藏为上柱国，封武阳公，任命为魏州总管。李密也看中了魏徵的文才，召他为元帅府文学参军，掌管记室，也就是秘书长的职务。

　　徐世勣也看到了黎阳仓上存在的机会，隋炀帝虽然开仓赈济，但管事的官僚们并不按时发放粮食，导致每天有几万人饿死，百姓怨声载道。他向李密谏言说："现在天下大乱，是因为饥馑的原因啊，现在如果再能夺取黎阳仓，那么我们的事业基本上大功告成了！"于是，李密派徐世勣领兵马五千，与元宝藏部形成南北夹击之势，一举拿下了黎阳仓！

　　洛阳周围的三大粮仓——兴洛仓、回洛仓和黎阳仓，一时之间全部落入李密的囊中。当时几乎所有的人都认为，按照这个趋势发展下去，天下必定是李密的。不到几天的工夫，归附瓦岗军者就有二十万人，连一贯目中无人的窦建德以及吃人魔王朱粲都不淡定了，派遣使者来表达归顺的意思。

　　正当李密声望日隆、炙手可热之时，一个神秘人物给李密写了一封神秘信件，建议进取天下之策。这个神秘人物不是别人，正是泰山道士徐洪客，在小说中是徐茂功和魏徵的师父。这个人的观点与众不同，所有人都认为天下快要易主了，新主就是李密，唯独他说了："李密，你确实厉害，贫道佩服你！但是，贫道给你提个醒，你现在手下人多，但都是冲着粮食来的，以利相交，利尽则散，恐怕不得长久，而且战线拉得越长，将士们厌战的情绪会越明显，成功的概率就越低。不如趁现在人马强悍、士气旺盛，一鼓作气南下江都，活捉杨广，挟天子以号令天下，大事或者可成。"

看了神秘信件后，李密眼前一亮：此言在理，全国的起义军都死磕洛阳和长安，隋炀帝偏安江都歌舞升平，竟然无人问津！李密急忙派人去寻送信之人，想继续探问个究竟，结果手下回报他说，这位徐道长已经云游四方去了！和电视剧里神龙见首不见尾的高僧老道一样，指点迷津可以，参与其中没门，而且一般指点完了就直接玩消失——"只在此山中，云深不知处"，行踪神秘莫测。

兴洛仓、回洛仓和黎阳仓三大粮仓先后落入瓦岗军手中，直接导致洛阳的粮食价格飙升，老百姓吃饭更困难了，再加上连年征战，生活处在极度困厄之中，一时间民怨沸腾。越王杨侗感受到了前所未有的压力。

幸好此时，韦霁、王辩、孟善谊、独孤武都、王世充五路援军已到，加上来自长安的刘长恭、庞玉等人马，以及洛阳本地守军二十万，粗算之下，将与瓦岗军展开正面战斗的隋军达到三十多万，兵力达到历史最高点，而且都是正规军！这时候问题又来了，老将薛世雄已殁，谁来做主帅呢？

瓦岗军劲敌王世充

一、黑石之战

　　大业十三年十月，隋炀帝从各地调遣的援军会集洛阳，但是经过河间一战，老将薛世雄兵败如山倒，忧愤之下一命呜呼，现在的问题就是谁来接替他担任讨逆主帅。经过权衡，隋炀帝认为王世充是值得信任的人选，完全可以胜任各路人马的总指挥一职。就这样，五路人马加关中援军总计十余万大军归王世充调遣，历史的风云际会悄然将他推到了激烈斗争的最前线。

　　两军准备就绪，在洛水边上拉开架势。刚开打的时候，双方主帅小心翼翼，都抱着试探的态度，采取保守的战术，即先派出一小撮人马进行交锋。不知不觉间，小型战斗打了上百场，不过互有胜负，略有伤亡。

　　王世充明显是第一次做大军总指挥，不求有功、但求无过的心态一直在作祟。看着双方僵持不下，隋朝的统治者心理压力大啊！隋军和瓦岗军人数上旗鼓相当，可隋军毕竟是正规军，多少双眼睛在那里盯着呢，在这种情势下如果还是无法平乱，政权恐怕会从内部崩解。因此，隋炀帝几次下旨催促，要求王世充尽快解决东都的危机，还给他加了大将军的头衔以示鼓励。

到十月二十五日，王世充率隋军在洛水南岸的黑石安营扎寨，第二天，带了部分精锐部队在洛水北岸布阵。李密以为和之前一样，是双方小型操练，活动一下筋骨，压根儿没想到这次王世充玩真的。玩起真的来，后果很严重，少年英雄罗士信纵马攻击王世充，身中数箭被俘，护军柴孝和溺洛水而亡，瓦岗军狼狈大败。

李密见形势不妙，果断下令放弃主战场，全军向月城撤退。王世充怎么可能放弃歼灭李密的好机会，迅速率部追击。李密毕竟是靠才华吃饭的男人，在逃跑的路上也不忘记琢磨，一下计上心头：不如围魏救赵！主意拿定，李密立即分兵两路，一路继续撤往月城，负责镇守月城牵制王世充，另一路即由自己亲率的内军，负责折返到洛水南岸，偷袭王世充的黑石大营。

因此，吊诡的战斗场面出现了——互踹老巢！王世充以为瓦岗军全部撤到了月城，于是拼了命攻打月城；而李密则认为王世充老巢空虚，于是拼了命攻打黑石。总之，到这时候了，谁也不矜持了，谁也不试探了，就是拼了命孤注一掷，看谁能干倒谁！

正当王世充猛攻月城、激战甚酣之时，只见一支穿云箭发射升空，可以判断是洛水南岸的黑石大营点起的。短暂犹豫之后，他决定继续围困月城，彻底剿灭瓦岗军的有生力量。而这边留守黑石大营的隋军显然并不给力，面对李密率领的内军的猛烈攻击，逐渐底气不足，连续点燃六支穿云箭求援，王世充搞不清楚什么状况，情急之下只好放弃月城，回军救援。这下可中计了！李密带领内军已经埋伏在月城回黑石的路上，见到折返的王世充部，上去就是一顿恶揍，隋军一下死伤三千多人，逃回大营。

实际上，这一仗不能算王世充输，战事前半段，瓦岗军损失了罗士信和柴孝和两员大将，同时死伤不少人；进行到后半段，李密方才用计挽回败局。这一仗双方都有点用力过猛，都意识到对方不是可以随便捏的软柿子，至少李密这一年来战绩颇佳，什么精兵强将没见过，这次怎么碰上硬骨头了呢？！太硌牙了！因此，二人趁此机会开始按兵不动，一是补充一下体力，二是研究一下战术。

王世充连续多日坚守不出，越王杨侗看不下去了，心里嘀咕上了——给你封个大将军是让你打仗的，不是在河边安营扎寨的，但又不好直接催战，索性天天派遣使者过去搞慰问。慰问的次数多了，王世充也不能装作不领会，无奈之下，只好主动向李密下了战书，约定十一月初九在石子河边对战。

当天，李密率领瓦岗大军向石子河开进，一行人马浩浩荡荡；王世充则率十余万隋军从黑石大营出发，一路上战鼓擂动、号角争鸣。到达石子河畔，李密阵列南北长十余里。两军刚拉开阵势，瓦岗军就以翟让为先锋，向隋军发起猛烈进攻。翟让的表现一如既往地稳定，从不辜负众人对他的期待，刚与隋军战了几个回合，便招架不住，掉头鼠窜。王世充显然还不熟悉瓦岗军的套路，对翟让在以往战例中扮演的角色没有深刻体会，以为胜利曙光就在前方。他见翟让败走，立即下令发起总攻，隋军追着翟让等的屁股冲杀过来。正当王世充大喜过望之时，再定睛一看前方阵势，不由得倒吸一口冷气：哎呀，糟了！

大业十三年十一月初九，李密率领的瓦岗军与王世充率领的隋军对阵石子河畔！翟让担纲前锋，演的却是打不过就跑的老桥段。当王世充发现不对劲的时候，王伯当和裴仁基已经率领两队人马从两侧包抄过来。只能说王世充太不了解李密了，不知道李密是用脑子打仗的主儿，上次被李密摆了一道，竟然还没有长记性，这该怨谁呢？王世充大喊中计，命隋军赶快回撤，但为时已晚，王伯当与裴仁基已经组成一个口袋阵，完成了穿插收口，王世充等妥妥地落入瓦岗军的包围之中。

这时，李密率领内军冲杀过去，隋军个个惊恐万状、手足无措，像没头的苍蝇一样东奔西突、四散逃命。王世充见局势难以控制，迫于无奈，自己带着亲兵突围而出，一路逃回黑石大营。经此一役，隋军折损几万人马，士气再次陷入低谷。

李密再一次取得了与隋军对战的重大胜利！什么五路大军，就算 N 多路大军，也不过如此。一年的时间里，李密率领瓦岗军无往而不胜，大隋第一名将张须陀被伏兵掩杀，最终力竭而亡；越王杨侗拥兵二十万，镇守洛阳却吃瘪多次，不敢轻举妄动；关中精锐部队驰援东都，结果被收拾得服服帖帖，从全国调集的几支重要军事力量，被打得折损过半……一年的时间里，李密从亡命天涯的朝廷头号通缉犯，仿佛坐上了特快直达，变成割据群雄之中最有资格问鼎中原的候选人！

二、翟让的心思

此时，李密的自信心开始急剧膨胀，他认为自己是大隋乱世夜空中最亮的那颗星，认为自己是刘邦再世、真命天子，试问普天之下，哪里还有第二个人有与他对抗的实力？

但是别忘了，历史是喜欢和人们开玩笑的，就在李密大败王世充、志得意满的当天，李渊会合诸军二十余万人马攻破长安城！李密若干天后得到这个消息，殊为震惊。四个月前李渊起兵之时，主动提出要与李密结盟，甚至后来在回信中明确表示愿意顺应天意，与天下英雄共推李密为盟主："天生烝民，必有司牧。当今为牧，非子而谁？老夫年逾知命，愿不及此。欣载大弟，攀鳞附翼，唯弟早膺图箓，以宁兆民！宗盟之长，属籍见容，复封于唐，斯荣足矣。"意思是说，天下百姓必须要有人治理，而当今天下大乱，这个人除了老弟你还有谁呢？我已经岁数大了，根本无力再争夺天下。只盼着老弟你早日成就帝业，如果到时候能复我唐公的封地爵位，就已经感激不尽了！话说得相当漂亮，让李密放松了对他的警惕，为赢取关中争取了时间和有利条件。而事已至此，李密追悔莫及，只能孤注一掷拿下洛阳，到时候天下还是他的！

正当李密为李渊占据长安感到愤怒和焦虑的时候，这边瓦岗军内部又起火了——二把手翟让开始尥蹶子了！

不得不说，与其他帮派的领袖之争最后斗得你死我活相比，瓦岗军的领袖权力交接堪称典范。无论是翟让还是李密，两个人都相当温良恭俭让。翟让当初能从瓦岗弟兄们的福祉出发，从瓦岗军的未来出发，自主自愿退居第二把交椅，而且让贤之后该低调的时候低调，该配合的时候就配合（虽然也时不时地找碴，但大局上未出错），这可不是一般人能做到的。再看李密呢，对待这位创始人一如既往地谨小慎微，从不因为自己成了老大就气势凌人，同时告诫自己的手下时时处处礼让翟让及其阵营的兄弟。

孔子说得好："不患寡而患不均，不患贫而患不安。"这句话不管对国家还是任何集体团队都适用，财富利益少的时候不用太担心，一旦富足强盛起来，就涉及分配的公平、公正等问题，矛盾冲突会随之增加。随着瓦岗军集团的不断发展壮大，翟让的心态潜移默化地发生了变化。虽然他承认自己技不如人，李密做老大是天经地义，但现实是血淋淋的。这就好比，原来的公司老大直接退休也就罢了，但如果要留下来给原来的副手当下属，这心理落差非同小可。这落差如同小刀子一样每天刺着翟让的心口：原来自己说一不二，现在自己说完了还得等李密拍板定案；原来别人都得看自己脸色，现在自己得看李密的脸色；原来自己是老大，自带偶像光环，走到哪里都是所有人关注的焦点，现在李密战功赫赫、炙手可热，谁还会关注他翟让……就算这些全部抛诸脑后，还是有一件非常现实的事情，让翟让甚为苦恼，是什么事呢？

　　大业十三年，瓦岗军事业继续做大做强，李密权势和威望如日中天，这让退居二把手的翟让的心理处于严重失衡的状态。最让他心烦又难以启齿的一件事是：自己口袋里的钱明显见少！

　　古代农民起义，维持起义军开销最重要的方式就是一个字：抢！不光是抢地主富豪的，同时还抢国家的，比如瓦岗军占据了三大粮仓——兴洛仓、回洛仓和黎阳仓，打的旗号当然是赈济百姓，但主要还是维持起义事业的日常开销。李密建立大魏政权之后，逐渐把朝廷行政部门的那套规矩搬到瓦岗寨来了：打仗的收入财政部会清点入账，而李密掌握大权之后，第一件事就是把财政部牢牢地控制在自己手里。如此一来，翟让的收入自然只有明面上的部分，肯定大不如从前。

最关键的是，李密是瓦岗军老大兼作战总指挥，打仗是分战区的，例如某富裕郡县、某大型粮仓，打下来必然油水多，瓦岗军目前群英荟萃，而翟让战力很一般。打仗和踢足球一样，也是分位置和角色的，翟让最擅长的是打不过落败而逃的角色，最后不赔进去老本儿就不错了。

总之，在翟让等人的理念里，起义军老大的风范应该是：有我吃的就有你吃的，我吃稠的你吃稠的，我吃稀的你也吃稀的，万一有一天断顿了揭不开锅了，兄弟们出门要饭也要搭个伙、结个伴儿！可现在是什么状况呢？李密的仓库快装不下了，翟让的收入却远不及李密，更别说手下一众弟兄们了！翟让的怨气因此越积越多。

要相信，男人有时候要是叽叽歪歪八卦起来，真没妇女同志们什么施展的余地，东郡公府的几个大老爷们儿就是此等存在。谋士王儒信和大哥翟弘整天在大营里吐槽李密，恨不能弄死他泄愤。翟让恨不恨李密？当然恨了。但翟让是不是也想弄死李密？这确实没有。李密是有领袖魅力的人，他比谁都懂如何处理自己和翟让之间的关系，除了财物分配不均之外，日常对翟让颇为敬重。得到一个既有才华又有能力的人的信任，令翟让颇感荣耀，他甚至非常享受这种关系。

李密有身为领袖的格局，但他手下的人就不一样了。尽管李密一再告诫他们不要去惹东郡公府不痛快，可凡是普通人无一不爱显摆，自从李密当权之后，整个瓦岗寨的最优配置自然流到了蒲山公营，哪有衣锦夜行的道理？翟让当然被恶心到了。

男人或许是这个世界上最爱面子的物种，古往今来一贯如此。翟让在场面上丢了颜面，不可能在自己家里碎碎念来解决的，就算王儒信和翟弘骂一万遍弄死李密，毕竟上不了台面，李密也不可能因此少一根汗毛。于是，翟让打算给李密旁敲侧击一下。

都说神仙打架，小鬼遭殃，行军总管崔世枢自鄢陵起事的时候归附于李密，与东郡公府平时无冤无仇，翟让为了敲打李密，直接把他绑到府中，向他索要巨额零花钱！崔世枢当然明白翟让和李密的敏感关系，只能委曲求全、顾全大局，结果被翟让好一顿毒打，放回军营，事后愣是吭都没吭一声！

崔世枢不讲话，不代表李密不知情。李密知道后非常生气，俗话说打狗还要看主人，这不是硬生生地在众人面前打他李密的脸吗？但是，李密思量一番，内心逐渐平静，为什么呢？还是那句话——顾全大局。这边李密决定忍了，那边翟让颇为得意，认为自己这个方法非常高明，以后还得常用，不能让李密和他的手下目中无他！

还没安稳几天，在无事刷刷存在感的指导方针下，翟让又来找事了。这次，翟让召元帅府记室邢义期来他府上赌博。上级找下属赌博，难道是真的为了玩吗？换句话来讲，和上级一起赌博，一般人谁敢赢呢？翟让是之前绑票敲诈不成，又来变相勒索钱财了。邢义期虽然跟着李密干，但其实就是一个普通的小秘书，每个月那点薪水只够养活自己，实在没有多余的钱财孝敬翟让。再加上他本身胆小怕事，见同僚崔世枢莫名其妙地被打个半死，说什么也不敢露面。

这下不得了，翟让一怒之下派人把邢义期抓来，当场杖责八十大板，打得他皮开肉绽，直呼饶命。翟让第二次故意打脸，试问李密感受如何？李密表示，非常非常生气，但是似乎还可以继续忍一下。他给自己定了一个底线：只要翟让一如既往地支持他灭隋朝而定天下的大业，这些他忍一下没问题。再说了，哪里没有点内部矛盾，重在理解和包容嘛！谁承想，李密这边刚做好心理建设，翟让又搞事了！

翟让之死

一、大摆"鸿门宴"

大业十三年，瓦岗军集团发展如日中天，翟让开始心理失衡，觉得新人眼里没有他这个创始人，必须时不时抓出来敲打一下。并且自从李密接管瓦岗军之后，他的口袋眼见着瘪下去了，这对于贪财的翟让来说，属于致命伤害——涉及钱的事，翟让可不像出让集团董事长职位一样淡定。

一次敲诈崔世枢不成，二次勒索邢义期不就，这次翟让玩大了——直接把左长史房彦藻叫来质问："君前破汝南，大得宝货，独与魏公，全不与我！魏公我之所立，事未可知。"啥意思呢？你之前攻破汝南捞了一笔钱财，全部给了魏公，一点都没有给我！不要忘了，魏公可是我拥立的，以后的事态怎么发展，还真的不是你们想象的铁板钉钉啊！言下之意，没有我翟让，哪有他李密今天，我能拥立他，也可以给他拉下来，我在瓦岗寨就是这么势大，你们要好自为之。

说者无心，听者有意，翟让向房彦藻勒索钱财并不可怕，顶多说明他一贯贪图私利，但后面的话可不好随便听听了，什么叫"魏公我之所立，事未可知"？房彦藻好歹是元帅府左长史、李密的副手，翟让竟然和他说出这种话，莫不是心里另有想法？

说句公道话，翟让倒未必是真的别有用心，他本就是个粗人，从创立瓦岗军的第一天开始即胸无大志，理想的生活状态是抢钱抢粮、有钱有闲、平稳退休，现在钱没了，头脑一发热难免口不择言。古往今来祸从口出，多少人因为出言不慎导致身败名裂，又有多少人管不住自己的嘴巴最终丢掉性命。翟让显然不懂这个道理。

再说房彦藻，在翟让那里总算哼哈应付过去，回来越想越怕，紧急找到元帅府左司马郑颋，二人反复琢磨翟让及其手下的一番言行，最终得出结论：翟让是横在李密成功路上的绊脚石，说不定栽了跟头，大家伙儿都不知道怎么死的，不如除之而后快！

房彦藻和郑颋二人第二天紧急求见李密，说是有要事禀报。房彦藻上来说道："魏公啊，您可得当心了！翟让贪婪成性且刚愎自用，做人很不厚道，根本没把您放在眼里，应该趁早干掉他以除后患。"

李密一听勃然大怒，但是和前几次一样，经过一番心理建设之后情绪又达到了平衡点：一年前他亡命天涯、无立足之地的时候，是翟让接纳了他，不论他费了多大的劲儿才打入瓦岗寨核心圈，翟让还是表现出了相当的开放和包容，更别说让贤一事，不是一般人可以做到的。如果此时以怨报德，自己以后在江湖上还怎么混下去？反隋事业尚未成功，弄不好将功亏一篑！想到此，李密再一次决定，只要翟让不公然阻挠他夺取天下的大业，这都不算事。

于是，他对房彦藻和郑颐说："现在天下形势未定，不可轻举妄动，给他人徒留话柄。"这时候郑颐急了，说："我接到密报，翟让的谋士和哥哥在煽动他搞独立！"李密大吃一惊："竟有这等事？那么翟让怎么说？"郑颐答道："他就笑笑不说话。"

李密感觉后背发凉，表情前所未有地凝重。郑颐见李密陷入长时间的沉默之中，知道只差往前推一把了，于是说道："毒蛇咬伤手腕，真的勇士会当机立断，以免毒性扩散，还能够保全自我。如果等他们先得手，您后悔也来不及了。"俗话说"当断不断，反受其乱"，李密此时咬碎钢牙，不由得痛下杀心：既然你翟让先不仁，就不能怪我李密不义！

主意拿定，事不宜迟。大业十三年十一月十一日，瓦岗军大败王世充五路大军的第三天晚上，李密设下庆功宴，翟让带着哥哥翟弘，侄子翟摩侯，心腹大将单雄信和徐世勣，谋士王儒信来魏公大营喝酒，裴仁基、郝孝德也应邀列席。从这一齐齐整整的阵容来看，翟让大概对李密没有丝毫戒心，更别提造反了。说他胸无大志也好，心胸开阔也罢，明白自己几斤几两是一个领导的基本素质，可以说他对瓦岗军的大位没有留恋，知道没有李密，自己根本干不过隋军，因此除了计较些许钱财，还是可以在一起开心地玩耍的。

可惜翟让没读过多少书，没有什么政治智慧，不知道有一种"餐饮文化"叫作鸿门宴，有一种死法叫作"不作就不会死"。

大业十三年十一月十一日，李密于营帐大摆鸿门宴，准备一举除掉翟让！翟让原本没有造反之心，但一肚子叽叽歪歪，逐渐让李密心生嫌隙；反观李密，痛下杀心，却能让翟让无知无觉来赴宴，二人高下立判。

为什么说翟让赴宴是无知无觉的呢？首先，李密同时邀请了裴仁基和郝孝德，一个是大隋降将，另一个是起义军首领，都属于反隋业务合伙人，在这种情况下杀他，可能增加不确定因素。其次，翟让坚持不懈地搞事情，但李密这边一直没什么反应，导致翟让对李密的定力判断严重失准。还有，李密虽然是老大，但两厢势力对比方面真不好说，翟让自认为李密不会冒着撕裂瓦岗军的风险贸然行动，李密自己也没料到会有这么一天。

李密的鸿门宴准备工作明显对翟让的智商不够尊重，单雄信和徐世勣一进门就发现气氛不对：大营内外亲兵卫士全副武装，数量比往常多出一倍，连表情似乎都比平时严肃。二人瞬间提高警惕，寸步不离地跟在翟让身后。

但是谁都逃不过"既来之，则安之"的心理陷阱，一切还未发生的时候，大部分人会选择性地认为，一切尽在掌握，或者自己多虑了。李密看翟让已经入瓮，开始了自己的表演，说道："今天是我们瓦岗寨创业元老的私人聚会，闲杂人等不必服侍了，你们可以下去休息了。"身后的亲兵卫士很快退出了营帐，只留下蔡建德一个贴身侍卫。接着，李密把目光望向翟让，眼睛里妥妥的暗示："该你了啊。"然而，翟让此时选择装傻，到了别人的地盘，防人之心不可无啊，他的内心独白无疑是："我就不撤，你能把我咋地？"

李密只好望向房彦藻，领导盯着副手看，当然是让他解决问题的，房彦藻心领神会，与李密演起了双簧："魏公啊，今天天气格外寒冷，将士们又刚刚打了胜仗，理应赐予美酒共饮啊！"李密露出了不失礼貌的微笑，说道："哈哈，问大司徒！"一唱一和之间，翟让放松了警惕，挥挥手说："去吧去吧，让我和魏公好好絮叨絮叨。"

房彦藻顺势把单雄信、徐世勣等人请到外间安排了酒席。一切进展顺利，此时营帐里只剩下李密和翟让、翟弘、翟摩

171

侯、蔡建德以及几个亲属亲信。李密先是敬翟让一杯，对他在黑石大战中的诱敌表现大加赞赏，夸得翟让飘飘然起来。大家正喝得酒酣耳热之际，侍卫蔡建德端出一把弓箭来，李密说道："这是新近在战场上得到的一张宝弓，寻常人驾驭不了，大司徒若是喜欢就拿去吧！"说话间将弓箭递到翟让手中，翟让毫不犹豫地接过，试着蓄力拉开，弓如满月一般。就在翟让一脸得意展示自己英姿的时候，蔡建德从身后而出，以迅雷不及掩耳之势抽出钢刀，对着翟让的脖颈就是一刀，翟让刹那栽倒在地，没有完全砍断的喉咙发出一阵低沉的嘶吼，吼声里充满无限的诧异和愤怒，以及不甘和绝望，随着血液汩汩地流出，气息如游丝一般渐渐消弭无声。可怜百战英雄，顷刻命消三尺！

事发突然，在座的翟弘、翟摩侯、王儒信被眼前发生的一切震惊了，刚反应过来想要逃跑，蔡建德已经横在他们面前，如砍瓜切菜般把几个人送上西天。在外间喝酒的翟让部众听闻里面爆发出来的嘶吼声和打斗声，忙不迭地冲进来，见老大倒地而亡，立马同李密的部将厮杀作一团，想给大哥翟让报仇，也想给自己争取最后的活命机会，双方陷入激烈的打斗之中。

你可能要问了，徐世勣和单雄信到哪里去了？话说二人在外间正喝得痛快，听到声音与众人一齐冲了进去，见大哥倒在血泊之中。大营一片混乱，徐世勣奋力厮杀想冲出重围，不料李密阵营人手众多，徐世勣一不小心后背被砍了一刀，顿时鲜血直流，就在小兵准备继续补刀的时候，只听旁边李密的心腹大将王伯当一声喝止，才救下徐世勣一条性命。

转头再看单雄信，不愧是创业好兄弟誓同生死，冲进大营后见势不妙，关键时刻为保命，立马双膝酸软、跪地求饶，头磕得跟捣蒜瓣儿似的，将大丈夫能屈能伸的原则贯彻得很彻底。

至此，翟让、徐世勣、单雄信创业三元老一死一伤一降，瓦岗寨东郡公阵营土崩瓦解。

二、接管瓦岗寨

大业十三年十一月十一日，中原地区天寒地冻之时，瓦岗寨上演李密和翟让两大阵营的火并大戏！翟让及其哥哥、侄子等被杀，李密见局势已经在自己掌控之中，随即向众人喊话道："各位兄弟，我们瓦岗军一同起事反隋，是为了除暴政、济苍生。谁承想，我们的事业刚有一些起色，司徒翟让就忘了初衷，不仅无故凌辱下属，大肆搜刮钱财，还私底下谋划要杀了我！各位听好了，这只是我和翟让之间的恩怨，与其他人无

173

关，只要愿意跟着我李密干的，一切既往不咎！"总结陈词完毕，众人惊魂方定，李密赶紧叫来军医给徐世勣敷药疗伤，这一篇儿算是暂且翻过去了。

之后，李密亲自来到翟让的大营，给将士们做了一通思想工作，当即安排徐世勣、单雄信和王伯当接管了领导职位。直到此时，李密真正实现了对瓦岗军的全面控制，开启了争夺天下的新纪元！

瓦岗寨火并、翟让被杀的消息传到黑石大营，王世充大失所望。他早就料想到翟让和李密必定不可能长期和平共处，本来他想谋划一离间计使得二人互斗互掐，到时候他再乘虚而入，给瓦岗军致命的打击。没想到刚打完仗没三天，李密就已经除掉了这个后顾之忧。王世充不得不感慨道："李密天资聪颖、决断明达，实在让人难以预测啊！"

鉴于两次战败的教训，王世充开始认真研究李密以往的战例，人家可是靠才华打胜仗的，自己是不是也得用点儿脑子？因此，王世充认为自己也得使计，于是在接下来的一个月里，不断招兵买马，准备让李密也尝一尝被偷袭的滋味。

不知道究竟是王世充时运不济，还是李密时运颇佳，十二月二十四日这一天，王世充营中有小兵逃出来投奔瓦岗军，正好在招兵现场撞上李密。换作平时，李密根本没有工夫搭理此类事，谁知这天他灵机一动，问起来应征的士卒："王世充现在在军中都做些什么，怎么近日没什么动静了？"士卒如实地汇报新领导："近来他在大量招兵，又犒劳将士，不知是为了什么。"

李密一听，这还了得，王世充是要闷声干大事啊！当务之急，李密赶紧招来裴仁基和王伯当，把他的预测告诉二人：王世充准备要偷袭洛口城！为什么这么说呢？一个月以来我们按兵不动，他们的军队这么多人马，求战不得，粗算一下，储存的粮草将要告罄，因此招兵买马想要做最后一搏；再者，现在十二月已经进入下旬，夜晚正是月黑风高之时，搞偷袭的好时机！于是，李密当即下令，命平原公郝孝德、琅琊公王伯当及齐郡公孟让分别率兵埋伏在仓城两边以待敌军，准备杀他们个措手不及。

李密果然料敌如神！就在当晚子时，王世充率领大军前来偷袭洛口城。虽然中了瓦岗军的埋伏，但是隋军这次非常镇定且异常勇猛，他们知道自己不拼命就会饿死，别无可选。王伯当在事先有所准备的情况下，与王世充首次交战没有占到任何便宜，不得不败逃回城。

王世充带领的隋军越战越猛，杀到城下，准备登城。但是，将士们很快发现瓦岗军正向自己迅速集聚：我们不是来搞偷袭的吗，怎么像是中了埋伏？此时，王伯当收集残部杀回来，将王世充的骁将费青奴斩于马下。"觉醒"之后的隋军和之前一样不堪一击，溃散而逃，死伤几千人。王世充这次与李密大战，依旧铩羽而归。

王世充打仗不行，但是精神十分可嘉，不就是死了几千人吗，他掐指一算自己还剩下几万人马，不妨再接再厉。万一赢了呢？！于是乎，王世充又和李密小打小闹了几次。可隋军已经没什么斗志了，几次战役下来，王世充颗粒无收，彻底进入自我放弃的状态。降维打击实在令人绝望，不如直接躺平，至少降低能耗。越王杨侗再来催战，王世充摆出一副既没有兵也没有粮的架势，斗志全无。

杨侗放眼望去，偌大的洛阳竟然没有一个堪用之人，王世充能和李密过上几招而不致团灭，已经是难得的人才了。怎么办？反复权衡之后，杨侗决定给王世充充个值，下令调拨手下七万大军归王世充指挥，这样一来，相当于王世充打了 N 次败仗之后，直接原地满血复活！

不得不说，王世充的确是个人才，他相信只要有军队就有希望，李密是个人，又不是神，没有什么不可战胜的道理。于是，几天之后，王世充率领十几万大军，又向洛口城杀了回来！

进击的瓦岗军

一、洛口城之战

时间迈入公元 618 年，这一年是大隋王朝的最后一年，也是大唐王朝的开国元年；这一年隋炀帝杨广在江都被叛军杀害，唐高祖李渊在长安建立唐朝；这一年，历史乘着巨浪高歌猛进，又仿佛有无限的挽歌在低沉徘徊；这一年有人过得风风火火，有人过得冷冷清清，只是为了不厌其烦地诉说一个真理：人类的悲喜并不相通。

据说，隋炀帝在被杀之前，对自己的命运十分清醒，他曾照着镜子对萧皇后说："好头颈，谁当斫之？"意思是，我这颗脑袋生得这么漂亮，会是谁来砍了它呢？听着是不是瘆得慌？

同样，李渊规划自己的命运时也十分清醒，夺取长安之后的第七天（十一月十六日），李渊即遥尊杨广为太上皇，拥立杨广的孙子代王杨侑为皇帝，紧接着迅速消灭长安附近的反对力量，稳定了关中局势。上一年的工作圆满画上句号，新一年的工作已经开局，李渊父子铆足了劲准备大干一场。

李密这边情势很不明朗，内忧外患逐渐浮上水面。从内部来看，虽然李密顺利除掉了翟让，取得了瓦岗军的完全控制权，但是流血政变让瓦岗军军心动荡，陷入无休止的内耗当中，无形之下实力大大削弱。从外部来看，全国的起义运动迎来最后高潮，无论是各方援军还是大型起义集团，纷纷向洛阳和长安这两座象征最高统治权的都城会聚，由于李密早已雄踞洛阳周边，占据进取关中的必经之路，于是成了众多冲突矛盾的集散地。从法理方面来看，李密灭隋的口号喊得最为嘹亮，篡夺天下的野心路人皆知，大隋不集结军队来讨伐你，你觉得说得过去吗？相形之下，李渊要聪明得多，自起兵之日起打的就是替天行道、废昏立明的旗帜，同时派遣使者取得东突厥的支持，解决了北部边境的问题。为了减少阻力，李渊甚至表示愿意推李密为盟主，一路上旗开得胜，从晋阳到长安只花了短短五个月的时间。

言归正传，王世充与李密在洛水边上大战 N 个回合，数次以兵败收场，但是王世充的精神过于强大，越王杨侗给他充值七万大军之后，他再一次满血复活，坚定地认为自己一定可以战胜李密！

公元 618 年正月十五日元宵节不赏灯了，那干什么？打仗玩。这次，王世充把大营直接迁移到洛口城的北边，在洛水上架设浮桥，派出全部人马准备进攻李密的老巢。按理说，搭好浮桥之后，要等人马渡河后全部集结完毕，再一鼓作气发起进攻。不知道王世充是败仗打得多了破罐子破摔，还是兵法研究过头走火入魔了，竟然让先搭好浮桥的部队立即发起冲锋，不必等后面的军队。虎贲郎将王辩部率先渡过洛水，朝着城外李密的营地杀将过去。

有时候不讲章法也是一种打法，正在城外大营做迎敌准备的瓦岗军看到一支隋军已经发起进攻，一下蒙了，饱读兵书的李密显然也蒙了。正所谓乱拳打死老师傅，王辩带领的隋军奋勇当先，大破李密大营，瓦岗军快要顶不住了！

后方的隋军见前方开局不错，"李密恐惧症"瞬间不药而愈，桥搭得更利索了，士兵们一鼓作气向前冲，准备一雪前耻。隋军接二连三地渡过了洛水，瓦岗军头战失利后士气垮塌，已经溃不成军。

就在李密和瓦岗军快要支撑不住准备撤退之时，洛水对岸鸣金收兵了！没错，是隋军鸣金收兵！隋军自己不敢相信，瓦岗军也不敢相信，李密更不敢相信，乱拳把老师傅刚打得半死，突然掉头要跑！一时之间，李密惊掉下巴，难道对手开始玩行为艺术了？——打仗不是为了胜利，是为了享受打的过程，体验什么是打了个寂寞，以及胜利之后瞬间败退的快感？

管你玩什么行为艺术，我玩的可是真刀实剑！李密从惊诧之中回过神来，立即率领精锐部队反攻：别让他们跑了！

公元 618 年正月十五日，王世充向李密的老巢洛口城发起攻击。就在隋军大破城外大营、瓦岗军败走之际，王世充鸣金收兵了。原因众说纷纭，有人说是前线情报不准确；也有人说王辩急着抢功，打乱了进攻的节奏；还有人说王世充战场组织协调混乱，甚至还有人认为是他出于私心故意为之！

总之，鸣金收兵的迷惑操作直接导致隋军瞬间由胜转败。李密率领精锐部队把仓皇撤退的隋军回逼到洛水边上，冲在最前面的王辩被程咬金一槊捅死，士兵见将领被杀，混乱之中争先恐后拥上浮桥，掉到水里淹死的就有万余人。王世充兵败如山倒，手下杨威、霍世举、刘长恭、梁德重、董智通等多位大将阵亡，洛水北岸沦陷于瓦岗军之手。

王世充一看情势不妙，赶紧率残部逃窜。屋漏偏逢连夜雨，隋军算是倒霉到家了，正月是天寒地冻的时节，士兵强渡洛水本来衣服就湿透了，好巧不巧下起了暴雨夹雪，冻死在道路上的不计其数。王世充本打算回洛阳重整旗鼓，清点了一下手下的人马，只剩下千余人，哪还有脸回东都见越王，只好去洛阳北侧的河阳（今洛阳孟州）暂时落脚。

想当初王世充镇守江都地区，率领数十万淮南兵先后镇压了刘元进、朱燮、管崇和孟让等人的起义，击败了格谦、卢明月等强大的起义军，一跃成为隋军中最具实权的大将军，风头一时无两，杨广南下江都之后，王世充更是深得其信任。被认为极具将才的王世充，遇到李密之后屡战屡败，三四个月的时间内，几十万隋军在他手下化为枯骨，难道不是彻头彻尾的失败吗？王世充一到河阳，就很有自知之明地住进了监狱，并上表向越王杨侗请罪。

杨侗很生气，面对满朝文武无一可用的局面也很无奈。他不能杀王世充，杀了他，敢问还有谁愿意出兵对付李密？杨侗此时还是个十四岁的少年，他不得不压抑住心头的愤懑，权衡之后一丝苦笑浮在嘴角，下令招王世充及其余部返回东都，赏赐他金钱和美人表示慰问。王世充召集由于溃败四散的旧部一万多人，奉命去洛阳的含嘉城驻守。

再看李密这边，开年首战大捷，春风得意，于是乘胜追击拿下偃师、金墉两座城池，干脆把瓦岗军大营搬到洛水北岸离洛阳更近的金墉城，并屯兵三十余万在北邙，兵锋直指上春门。洛阳城此时已经四面楚歌，处于岌岌可危的困境之中。

正月十九日，杨侗抓了金紫光禄大夫段达、民部尚书韦津出城迎战李密。杨广给孙子留下的这两位辅政大臣实在太弱了，官阶不小，打仗却根本不行。段达率兵出城一看，对面瓦岗军的人马密密麻麻集聚了一大片，直接吓尿了，掉头自己先逃回了城，说什么都不敢再出去了。韦津倒是没跑，奈何这位

183

是文官，日常耍的是笔墨纸砚，哪见过什么刀枪剑戟，几下就被李密斩于马下。

这下洛阳城里可热闹了，顿时掀起投降的热潮。宇文恺的儿子宇文儒童、河南留守职方郎柳续、河阳都尉独孤武都、检校河内郡丞柳燮等纷纷投降李密。李密最大限度地敞开胸怀接纳隋朝官员，不论以前有什么仇什么怨，此时通通不计前嫌地收入麾下，就连曾经在雍丘对李密执行过抓捕任务的梁郡太守杨汪，李密也极尽笼络之能事，拜为上柱国，封为宋州总管。窦建德、朱粲、孟海公、徐圆朗等起义军首领派使者忽悠李密称帝，表示愿意追随。见形势一片大好，裴仁基等出来上表，希望李密正位号登基当皇帝。

李密一时成为朝野追捧的明日之星，仿佛天下百分之百是他的囊中物。但是李密自己并没有被胜利冲昏头脑，面对众人的忽悠，可以说表现得相当淡定，只是意味深长地回了一句："东都未平，不可议此。"

李密亲率三十余万大军将洛阳城围了个水泄不通。他深谙一鼓作气的道理，隋军数次败北，似乎已经没有哪个救世主可以拯救这座城池，城内军民早就人心惶惶，将士们长期饱受战争的蹂躏，每天都有很多人设法逃出城外投降瓦岗军。老百姓缺吃少穿，生活难以为继，每天不知有多少人饿死于道路。这时候，似乎只要李密再努把力，天下就是他的了！

二、洛阳城争夺战

公元 618 年年初，李密大败王世充后，乘胜攻克了偃师和金墉两城，隋朝官员和各起义军见势纷纷归降，就在众人怂恿他称帝的时候，李密决定一鼓作气攻陷洛阳，然而，洛阳城却出乎意料地久攻难下。这时候有人就要问了，为什么呢？那是因为多少精兵强将敌不过一个城市设计师啊！

大业元年，隋炀帝杨广下诏令尚书令杨素、将作大匠宇文恺等营建东都，每月驱使役丁二百万，历时一年建成。建成的洛阳规模宏大、规划整齐，是当时仅次于西安的大都会。洛阳城不仅城墙高筑，杨广搬到这里居住之后，为了巩固防务，征调民夫数十万人，在洛阳城外挖了一条千里长的壕沟，围绕东、南、北三面设置防御工事，可以想见有多么坚固。

除了硬件优势之外，洛阳城内还有两位"镇宅神兽"。一个当然是与李密过招无数回合、鲜有胜绩的王世充，这人最大的优点就是心理强大，他从不认为李密是不可战胜的存在，坚定地相信李密有一天会匍匐于自己脚下。另一个是太府卿元文都，杨广南下江都之时任命的几位辅政大臣之一，如今是越王杨侗的心腹大将，此人生性耿直，明辨是非且极富才干，最大的优点是对大隋朝忠心耿耿。

东都被困，当务之急是解决粮草极度短缺的问题，元文都提议出台了个新政策：招募愿意不吃公粮的守城将士，一律晋散官二品。这么一来，朝堂上出现了前所未有的新景观：一大批商人富豪每天手持象牙笏板来上朝。他们不仅不拿俸禄，而且给政府提供了粮草赞助，毕竟二品衔相当于现在的省部级官员，就算没有实际职事，也是一步实现了阶级跨越，谁不愿意赌一把呢？同时，城内官兵士气为之一振，他们的心态和这些富贾是一样的，为了有朝一日飞黄腾达豁出去了！再加上这二位"镇宅神兽"很懂军事心理学，他们知道能够让手下士兵奋勇杀敌最好的方式，就是自己身先士卒，出现在战场第一线，与士兵们站在一起。

于是，洛阳的战事在固若金汤的城墙的保护和王世充、元文都的率领下，从正月持续到四月，这座都城愣是毫发无损。李密心急如焚，拖延下去对自己极为不利，可是恰好在这期间，发生了三件让李密颇受震撼的大事。

第一个大事件，李密派自己的心腹大将、元帅府左长史房彦藻去河北招降窦建德，顺利完成任务返回，在路过卫州的时候，房彦藻被叛将王德仁给杀了！

上文已经提到，王德仁在李密如日中天之时投降瓦岗军，按说李密愈发势大，巴结还来不及呢，杀害房彦藻的行为实在令人费解，史书中没有相关记载，谨作一些适度的猜想：王德仁当时很可能是投在东郡公阵营下，且与翟让私交甚好。翟让被杀之后，王德仁想为大哥报仇，奈何自己打不过李密，他知道是房彦藻煽动李密杀了翟让，于是直接杀了房彦藻祭奠死去的大哥。

李密得知房彦藻死讯之后伤心欲绝，二人从杨玄感兵变一路走来，一起投奔瓦岗军，可谓风雨同舟的好战友，如今好友功未成而身先死，李密发誓要给房彦藻报仇，立即派徐世勣去征讨王德仁。按说以徐世勣的能力灭了王德仁应是不费吹灰之力，却不小心被他给跑了，其中到底是有心还是无意，后人难以评说。总之，王德仁就此降了李渊，被任命为邺郡太守。

第二个大事件，义宁二年正月二十二日，也即李密率三十万大军将洛阳城团团围住之后没几天，攻占长安城三个月的李渊稳定住了关中局势，立即任命李建成为左元帅，李世民为右元帅，率领十余万大军向洛阳驰援而来！

谁都知道，隋恭帝杨侑是李渊扶植起来的傀儡皇帝，只是此时夺位称帝的时机还未成熟，李渊不敢贸然行动而已。闲着也是闲着，洛阳够热闹的啊，正所谓"秦鹿奔野草，逐之若飞蓬"，帝位如鹿奔于荒野之中，天下豪杰逐之若飞蓬，怎么能少了我李渊呢？

得洛阳者得天下，这是当时所有人的共识，李渊也不例外。派两个儿子率大军十余万前来，当然是为了抢夺洛阳，但确是抱着一石多鸟的考虑。首先，李渊肯定不想李密攻占洛阳，必然要从中作梗；其次，李渊也不愿意杨侗剿灭李密，希望瓦岗军可以持续消耗隋军的兵力。内心独白无异于："你们慢慢打，不用管我，我就是路过一下！"再有，洛阳守军和李密率领的瓦岗军缠斗日久，两方将士早已身心俱疲，难免会有人怀疑人生，正好李渊给他们提供了第三种选择：跳个槽什么的不是很好吗？这么分析下来，走这一趟是不是稳赚不赔的生意？

于是，公元 618 年四月，正当洛阳守军和瓦岗军双方打得火热的时候，李建成、李世民带着十余万大军来到了东都，驻扎在城西芳华苑。交战双方心里开始嘀咕了：这是什么情况，怕不是来趁火打劫的吧？

越王杨侗摸不清这二位是敌军还是友军，至今李渊扛着"废昏立明，拥立代王，匡复隋室"的大旗不松手，少不了先行打探一番，于是派了使者前往李建成、李世民的大营，礼貌性地表达了东道主的问候，以及希望二人协助东都教训李密的意思。李氏兄弟同样礼貌性地答应了下来。

李密可正窝着火呢，李渊这货老奸巨猾，利用推他为盟主的约定作为缓兵之计抢占了关中，现在又来和自己抢地盘了，真是岂有此理！一怒之下派出一队骑兵施以颜色，算是小惩大诫。毕竟李密内心也不想惹毛了李渊，否则瓦岗军将陷入两线作战的不利处境。

打一架不要紧，洛阳城里的杨侗误会大了，他的逻辑就是典型的"敌人的敌人是朋友"：李密是我的死敌，李密又把李建成、李世民给打了，那么李氏兄弟果然是自己人！想到此，杨侗不知吃了什么熊心豹子胆，竟然发出了迎李家军进城的邀请函，谁不为他捏着一把冷汗呢？

再看李建成、李世民兄弟这边，他俩走这一趟，把洛阳隋军和瓦岗军的底细乃至周边各路人马的情况摸了个门儿清。瓦岗军的实力确实不可小觑，虽说没有经过正规训练，但架不住三十万的基数大啊，一人一口唾沫都能淹死不少人。如今进洛阳容易，想守得住却要一定根基，不要到最后浑水摸鱼不成。二人经过一番深入分析之后，认为这个游戏不好玩，得离战场远点儿，千万别溅着血！

杨侗一看，接到自己的盛情邀请怎么却跑了？东都成什么地方了，岂是想来就来，想走就走的？！于是立即派大将段达率领一万精兵来追。没想到李世民早已料到这一手，在三王陵设下伏兵，见隋军追来，迎面痛击，隋军死伤四千多人后逃回老巢。

本来李氏兄弟打算打道回府的，经过莫名其妙的一仗之后，杨侗将洛阳以西的战略要地拱手送上。李建成决定在此设置新安、宜阳二郡，派行军总管史万宝、盛彦师镇守宜阳，吕绍宗、任瑰镇守新安。这相当于唐军在洛阳旁边建立了根据地，从此进可攻退可守，进可以与李密争夺洛阳，退可以隔岸观火，看隋军和瓦岗军互相伤害。稍作友情提示，盛彦师非等闲之辈，日后有一番惊天动地的作为！

看到李建成、李世民率领大军西退，杨侗和李密不禁长出一口气，我们终于可以愉快地玩耍了！不对，愉快地互揍了！

然而，就在此时，第三个大事件如同晴天霹雳一般在大隋的天空中炸响——公元618年三月十一日（一说十日），宇文化及在江都发动兵变，隋炀帝被杀！之后，宇文化及以萧皇后的名义立隋炀帝之侄，秦王杨浩为帝，宇文化及自称大丞相，并率十万精锐骁果军沿着大运河返回关中！

隋炀帝为什么身死江都？骁果军为什么追随宇文化及返回长安？占据西入关中必经之路的李密，将如何遭遇宇文化及率领的骁果军？洛阳城里的杨侗和王世充，又将如何面对最新的政局动荡呢？

江都宫变

一、隋炀帝的最后时光

公元 618 年三月，李密率三十万大军围困洛阳，与隋军展开旷日持久的殊死较量。就在这个时候，一个消息宛如晴天霹雳一般震撼了世人：隋炀帝在江都被杀！天下大乱，唯独隋炀帝还在江南纵情声色，这日子能长久吗？最终没有逃过祸起萧墙的命运。

公元 618 年年初，坏消息不断从长安和洛阳传到江都：唐国公李渊攻破了长安的大门，拥立代王为新帝，隋炀帝在江都啥也没干就成了太上皇；他的心腹大将王世充指挥打仗"如有神助"，成功帮助李密消耗了三十万隋军，洛阳每天上演保卫战，却每天朝不保夕。隋炀帝预感到大隋政权将在自己手里灰飞烟灭，经常喝得烂醉如泥，用新学的吴语和萧皇后戏言道："外面有不少人惦记侬的皇位，不过就算有一天不再是皇帝，侬也不失为长城公陈叔宝，你也不失为沈皇后沈婺华，今朝有酒今朝醉，卿卿何须惆怅！"然而第二天清醒过来，他也会感到后脖颈发凉，对着镜子和萧皇后说："我这脑袋生得这么好看，会是谁来砍下它呢？"

当隋炀帝清醒地意识到自己时日无多的时候，便开始晚上不睡觉。古诗有言："昼短苦夜长，何不秉烛游？"诚不欺也。隋炀帝经常夜里穿着睡衣独自一人在江都宫的亭台楼阁间徘徊游荡，沿着回廊，去到那曲径通幽之处。曲径可以通幽，人生绝境可以逢生吗？隋炀帝千万遍地在心中自问，随后一声叹息。尽管已是阳春三月，月色中的江都宫竟有些许萧瑟，多少折射出一个王朝走向覆灭的命运，以及一个帝王预感到覆灭之必然之后的无可奈何。

天下局势完全脱离掌控，两都成为再也回不去的所在，隋炀帝索性不再考虑回去的事，明明走的时候给宫人们写情诗说："但存颜色在，离别只今年。"这都第几年了？跟随他来的官员、将士滞留江都近两年，思乡之情迫切，逃跑的越来越多，特别是隋炀帝身边的骁果军，已经到了人人思变的程度。

大家都知道，大业九年，隋炀帝第二次讨伐辽东，为了解决府兵基本素质低下、训练水平不高，以及调度不灵等问题，在民间高薪招聘高手，组成一支骁勇善战的部队——骁果军。战争时期，骁果军不缺乏用武之地，建立军功不是难事，著名的"肉飞仙"沈光就是其中典型的受益者，因为得到隋炀帝的极度赏识，官至折冲郎将，相当于骁果军的高级指挥官，官阶正四品。隋炀帝放弃征伐高句丽之后，将骁果军直接纳入禁卫军体系，用于保护皇家安全。

骁果军到底有多少人？有人说是一万余人，有人说是十多万人，为什么出入这么大呢？合理猜测的话，隋炀帝南下江都之时，随行的骁果军应为一万余人，以关中人士为主，后来又在中原地区和江淮地区招募，因此增至十万多人。

骁果军的思乡之情不可遏止，老臣裴矩表示，他对外交熟，对人性更熟，此心安处是故乡，怎么才能心安呢？有房有老婆就有家了啊！隋炀帝认为非常有道理，于是下旨给骁果军发地发老婆，办法果然奏效。裴矩后来还因为给骁果军介绍对象免去了杀身之祸，此处略过不表。

隋炀帝一看大家不嚷嚷着回家了，那么，不妨议一下迁都丹阳的事吧！什么？！又要迁都！右候卫大将军李才、门下录事衡水人李桐客极力表示反对，认为江东地势低洼，气候潮湿，环境恶劣，先天条件不足，后天发展有限，养不起朝廷和军队，到时候老百姓承受不了，恐怕也会起来造反！很会揣测圣意的虞世基赶快出来打圆场说："陛下啊，丹阳的老百姓日夜盼望一睹陛下的风采！"隋炀帝顿时龙颜大悦，当下决定修建丹阳宫，准备迁都！

迁都的消息一出，舆论哗然，尤其对于骁果军冲击最大。

作为与皇帝时刻绑定的亲兵，迁都丹阳乃生命中不可承受之重，这几乎意味着关中老家永远都回不去了！老家的父母怎么办？老婆怎么办？孩子是不是都有后爹了？不敢联想，不敢联想。

毫无疑问，隋炀帝在作死的路上从不停歇，兔子逼急了都会咬人，更何况，是老虎……骁果军就是那迫切要回家的老虎！

公元618年，与隋炀帝一起南下的骁果军已滞留江都一年多的时间，他们多为关中大汉，与父母妻儿长期分离，思乡心切。迁都丹阳的消息一出，骁果军意识到此时不走，就再也走不了了，于是纷纷策划逃回家乡。隋炀帝为此很是头痛，决定派武贲郎将司马德戡统领骁果军，好好治理一番。

隋炀帝敢将骁果军交由司马德戡指挥，自然是高度信任他的，但是司马德戡看明白骁果军叛逃的趋势不可阻挡之后，意识到自己接了一个烫手山芋，这事搞不好会掉脑袋啊！想到此不禁后背发凉，立即找来自己平日的铁哥们儿虎贲郎将元礼、监门直阁裴虔通商量对策："现在骁果军人人想逃跑，遏制不住，我想劝谏陛下，又怕说了之后掉脑袋，可不说的话，等到事发，恐怕家里人会被团灭。听说李孝常因为归降李渊，皇帝囚禁了他的两个弟弟准备处斩，咱们的家属在西边，出了事儿

196

恐怕也好不了。"元礼听完慌了，问道："那可怎么办啊？"司马德戡继续说："不如我们跟着他们一起跑吧！"一句话道出元、裴二人的心声，二人点头称是！

　　三人分头展开行动，然后惊喜地发现：想逃跑的朋友实在太多了！内史舍人元敏，虎牙郎将赵行枢，鹰扬郎将孟秉，符玺郎李覆、牛方裕，直长许弘仁、薛世良，城门郎唐奉义，医正张恺，勋士杨士览等人纷纷表示：我们也想跑！人同此心，心同此理，他们的家人不是在关中就是在洛阳，谁能想到跟着隋炀帝旅个游，结果有来无回！参与的人多了，逃跑也不是什么秘密了。据史料记载，这些人日夜"密谋"，甚至在公开场合商议也不避讳，结果被一个宫女听到，告诉了隋炀帝，隋炀帝心说：想逃跑怎么这么不专业？！真是让朕操碎了心！于是果断下令把宫女杀了。

　　司马德戡本没想把事情搞大，按原计划是在三月十五月圆之日，率众弟兄及骁果军沿途劫掠些财物，结伴逃回关中，军事政变根本不在计划之内，谋杀隋炀帝这事压根儿没想过。那么，到底发生了什么导致剧情急转直下，以致最后完全失控？原来，剧本进行到一半，宇文家族强行要求入戏！虎牙郎将赵行枢和勋士杨士览就是传说中起到穿针引线作用的人物。

二、发动政变

赵行枢日常与宇文智及交好，杨士览则是宇文智及的外甥，两个人参与司马德戡的叛逃计划之后，认为不能自己悄悄跑了，必须和好朋友宇文智及道个别。谁承想宇文智及听说之后非常激动，于是，计划中的自保行动直接演变为群情激奋的军事哗变，隋炀帝也因此命丧黄泉。

宇文述当初在杨广与杨勇争夺太子之位的时候立过大功，按说宇文家和杨广关系很铁。不仅如此，宇文化及和杨广还是正经亲戚。这里就得提一下中国古代"第一老丈人"独孤信。独孤信是北周八大柱国之一，据史料记载，他本人"美容仪，善骑射""好自修饰，服章有殊于众""风度弘雅"，七个女儿自然个个惊为天人。独孤信选女婿也是独具慧眼，大女儿嫁给了宇文毓，即后来北周的第二位皇帝周明帝，史称明敬皇后。四女儿嫁给了陇西郡公李昞（一作李昺），生了个儿子叫李渊，就是后来的唐高祖，李渊当了皇帝之后追封母亲为元贞皇后。七女儿独孤伽罗嫁给了杨坚，也就是著名的独孤皇后，生下杨广，谥号文献皇后。五女儿嫁给北周上柱国宇文述，生下了宇文化及、宇文智及和宇文士及三兄弟。因此，杨广、李渊和宇文三兄弟，都是独孤信的外孙，是亲亲的姨表兄弟。

说起宇文述的三个儿子，那是一个比一个坏，只有老三还算可以，除了生活奢侈，没啥大毛病。老大和老二是典型的纨绔子弟，大肆收受贿赂、买官卖官、辱骂公卿这类事都属于稀松平常。大业初年，隋炀帝北巡榆林（治今内蒙古准格尔旗东北十二连城），随行的宇文化及和宇文智及竟然在杨广眼皮底下与突厥人做买卖，用中原的铁器去换突厥的骏马，从中赚取高额利润。这不是资敌叛国吗？！隋炀帝知道后震怒，下令将二人拉出去斩了，众人百般求情之下才得以保全性命。隋炀帝南下江都，宇文述得病一命呜呼，杨广看满堂的朝臣都不如自家亲戚可靠，于是，宇文化及和宇文智及才重新得到重用。

宇文述的家庭教育显然是彻底失败的，隋炀帝显然低估了这两位表兄弟，坏人坏起来是上不封顶的。宇文智及从赵行枢和杨士览处得知司马德戡要率众西逃，立马来了精神，这不正是搞事情的好时机吗？

公元618年三月，司马德戡准备率骁果军离开江都，逃回关中。这一叛逃计划经过虎牙郎将赵行枢、勋士杨士览的普及，被宇文述的二儿子宇文智及掌握了！对于宇文述的两个儿子宇文化及和宇文智及来说，什么杀人越货、收受贿赂纯属小打小闹，不能体现二人的真实水平，他们要坏出新水平、新高度，天下又不是他杨广一个人能坐的！

宇文智及立即找来叛逃行动总策划司马德戡，游说他说：
"司马大人，听说你要带着骁果军回关中。你认为你们回得去
吗？就算回去了，陛下虽然不得人心，但派人杀了你们以及家
人可是举手之劳的事啊！如今天意要亡大隋，你手中掌握着最
精壮的人马，为什么不趁此机会成就一番事业？"

　　司马德戡一听，声音不住有些发颤："啥事业？"宇文智
及顿了顿，说："杀了杨广，夺取天下！"司马德戡仔细咂摸
宇文智及一番话的意思，让他率领骁果军返回关中，这个本事
他是有的，好歹在军中混了十来年了。但是，杀了隋炀帝，夺
取天下这就超纲了。宇文智及看出司马德戡的顾虑，接着说：
"司马大人如果担心，我请大哥出来坐镇，他是陛下身边的近
臣，又是右屯卫大将军，有他出马，事半功倍。"

　　那还犹豫什么，不如干一票大的！司马德戡从小家贫，以
杀猪为生，内心也是一个狠人，且擅长施以奸计，他马上派直
长许弘仁、医正张恺去备身府大肆传播假消息：陛下已经听说
骁果军想谋反，酿了许多毒酒，准备开个宴会把大家都毒死！

　　谣言瞬间在骁果军之间疯传，大家感到前所未有的恐惧，
于是来找司马德戡问一条活路。司马德戡心说有了，对众弟
兄们说："陛下既然已经知道逃跑计划，以他素来的作风，我
们唯有死路一条。要想死里逃生，只能杀了这个昏君，另立
明主！"骁果军以为死到临头，齐声答道："一切听大将军吩

咐！"准备工作就此告一阶段。

公元 618 年三月初十，江都城上空乌云密布，空气沉闷得让人喘不过气来，暴风雨来临前的夜晚显得格外宁静。

这天晚上，正是元礼和裴虔通在宫城值班，专门负责大殿内的保卫，唐奉义则负责关闭宫门，双方商量好各个大门都不上锁。三更时分，人们进入熟睡之中，司马德戡在东城召集骁果军，举火与江都城外呼应，率数万人马向宫城进发。

一时间，喧闹声此起彼伏，宫城内外的火光映红了天空，隋炀帝从梦中惊醒，望见外面如同白昼一般，于是问道："裴虔通，外面发生了什么事，怎么如此吵闹？"裴虔通心中大叫不妙，以为隋炀帝发现了端倪，大脑极速运转：千万不能露馅儿啊！慌乱之中，裴虔通勉强镇定下来，答道："陛下，城外草坊失火了，大家正在救火呢！"

这谎话假得不能再假了，可是隋炀帝他就信了，倒头继续呼呼大睡，错失了最后可能翻盘的机会。与此同时，宇文智及和孟秉见城内火起，知道司马德戡已经起事，率千余人劫持了巡逻队队长冯普乐，安排自己人分头把守街道。据史料记载，隋炀帝正在沉睡梦乡之时，杨广的孙子、才十六岁（虚岁）的燕王杨倓发觉情势有变，从芳林门旁边的水闸进入宫墙，绕到玄武门，假称自己得了急病，要求见祖父一面。裴虔通当然不会让他进入，还把杨侂囚禁了起来。

　　裴虔通与司马德戡接头之后，带领人马冲入宫内，替换掉各门的守卫。正当裴虔通驱赶大殿内值宿卫士的时候，碰上了值班的右屯卫大将军独孤盛。独孤盛本姓李，与其兄独孤楷随主君独孤信改了姓，他在杨广做晋王的时候即跟随左右，性情刚烈，极富胆气，深得其信任。独孤盛大声质问道："这些是什么人？为何要如此调动？"裴虔通说："大势所趋，与老将军无关，您千万不要轻举妄动！"独孤盛一听大怒，骂道："你这个老贼，放的是什么屁！竟敢犯上作乱！"实际上，独孤盛当时只带着十几个内侍，铠甲也顾不上披挂就立即陷入一场厮杀之中，最终因为寡不敌众，全部被乱兵杀死。

　　这个时候，千牛独孤开远率几百禁军赶到了玄武门。独孤开远是独孤氏直系后代，独孤信是他的亲爷爷，也就是说，隋炀帝杨广是他的表哥。独孤开远见情势不妙，开始疯狂砸门，并冲里面大喊："我们的兵器管够，消灭逆贼绰绰有余。陛下如果能亲自出来坐镇，人心自然能够安定下来，不然，恐怕后果不堪设想！"结果，门内竟然一点儿动静都没有！禁军一看，皇帝自己都尿了，我们逞什么英雄？！瞬间一哄而散！留下独孤开远被抓，可能被他的忠义所感动，也可能看他是宇文化及的表兄弟，不好处理，叛军竟然把他给放了，算是捡了条性命。

此处讲一段后话。七姑家表哥杨广被杀了之后，独孤开远左右为难。和五姑家表哥宇文化及开干？纯属不自量力，找死没商量。立时变节追随宇文表哥？好像又不是正经人干的事。还是离开这个是非之地吧！于是他就去找四姑家表哥李渊了。入唐之后，独孤开远历任下邽县令，辽州、成州、蒲州都督，累迁左卫大将军、上开府，活到六十岁而终，在那个年代实属高寿了。

　　司马德戡等人率兵来到大殿门前，冲在最前面的是校尉令狐行达，只见他哐当一下踹开大门冲了进去。出乎意料的是，宫殿里此时空无一人，遍寻各处根本找不到隋炀帝的人影。于是，裴虔通下令骁果军分头在各个大殿拉网式排查，自己则和元礼带兵进入永巷，抓了个正往外逃窜的小宫女问隋炀帝的所在，小宫女吓得说不出话来，只用手指了指西阁。裴虔通急忙率兵将西阁围了个水泄不通。这时候，空气变得突然安静，这些每日在隋炀帝脚下俯首称臣的达官显贵，以及每日以护卫皇帝生命安全为己任的精兵强将，此时手握寒气逼人的大刀，准备将隋炀帝除之而后快！虽然已经谋划了一些时日，但事到临头，心理上还是难以自适应，谁也不敢率先闯入，就连刚才冲在最前面的令狐行达也怔在门前。

　　这时，西阁的窗户缓缓推开，众人不由得一齐抬头向上望去，只见隋炀帝就伫立在窗边！他的身影看起来有些消瘦，与日常那个在人前暴虐无常的九五之尊判若两人。人群发出一阵近乎惶恐的喧哗，继而陷入一阵无边的死寂之中。沉默良久，隋炀帝开口问道："令狐行达，你是来杀我的吗？"

三、隋炀帝被杀

公元618年三月十一日，江都宫内发生军事政变，裴虔通、司马德戡等人率骁果军将隋炀帝藏身的西阁团团围住。隋炀帝现身在窗户边，缓声问令狐行达："你是想杀了我吗？"问题太过犀利，问得令狐行达一时语塞，支吾半晌才答道："臣不敢，不过是想奉陛下西还长安罢了。"说完走上前，扶着隋炀帝从阁中下来。

隋炀帝一眼看到裴虔通竟然混迹在叛军之中，一时又惊又怒！早在杨广做晋王的时候，裴虔通作为亲信追随，之后晋升左监门校尉。杨广登基，待裴虔通等左右旧部不薄。他几次征伐高句丽，裴虔通均陪伴左右，为此杨广封赏他为通议大夫，正四品官阶。杨广不禁怒火攻心，谁反也没料到你裴虔通会反啊！大声吼道："裴虔通，你是我身边多年旧人，我待你不薄，我不明白有什么仇什么怨，让你今天站在这里？！"裴虔通再也淡定不了了，声音颤抖着答道："臣不敢忤逆陛下，但是将士们滞留江都已久，思念家乡，臣不过是想奉陛下回京师罢了。"

任他们回答得冠冕堂皇，隋炀帝心里很清楚是怎么回事。然而命悬一线之际，杨广只能配合他们演戏，希望在迂回中找到一线生机："朕正打算回去，只是因为长江上游的运米船未到，现在和你们回去吧！"于是，裴虔通派兵守住隋炀帝。

历史上，宇文化及一直被视为杀死杨广的罪魁祸首，可是大事儿干完了，主角在哪儿呢？

此时，宇文化及正骑着高头大马等候在江都宫外，只见他浑身发抖，连话都说不出来，有人来报告一线动态，他吓得俯身靠在马鞍上，嘴里小声咕哝："罪过，罪过啊。"那么，各位要问了，主事者全程不参与行动吗？原来，之前宇文智及与司马德戡谈定，将哥哥宇文化及奉为叛乱首领，而宇文化及向来外强中干、色厉内荏，听说此事之后，顿时吓得魂飞魄散，冷汗直流。宇文智及在旁边安慰半天，承诺搜捕及弑杀杨广不必宇文化及出手，他才慢慢镇定下来，答应扛着他的大旗发动政变。

裴虔通等人控制住杨广之后，派孟秉前去送信并迎接宇文化及入宫城。宇文化及一听大事已成，方才敢立身端正衣冠，满面春风地去往大殿。司马德戡早已在殿外等候，将宇文化及迎入朝堂。这时候，宇文化及不害怕了，更不客气了，麻利地给自己封了个丞相。

江都城内的文武百官早已接到集结通知，宇文大将军将要召开替天行道批斗大会。裴虔通负责请隋炀帝登场，说道："陛下，百官已经都在朝堂了，需要您去亲自抚慰。"接着牵出自己随从的坐骑，请隋炀帝上马。杨广一看，这是奔赴刑场的节奏啊！完了，这可怎么办？只能故作嫌弃地说道："你的马鞍笼头也太破了吧，朕怎么骑啊？"裴虔通还是一如既往地耐心，行嘞，多大点儿事儿啊，赶紧给陛下换一副新的！

隋炀帝来到朝堂外，骁果军见状欢声雷动。宇文化及在里面不耐烦了，厉声叫道："怎么把这腌臜家伙搞这儿来了，赶快弄出去结了！"杨广这时候还顾左右而言他，问道："爱卿虞世基在吗？"乱党马文举说："已经被枭首了！"

于是，裴虔通、司马德戡将隋炀帝带到寝殿，手持兵刃站立一旁。隋炀帝看着昔日百般信任的大臣如今对着自己磨刀霍霍，不禁长叹一声，问道："我有什么罪过，你们一定要杀了我？"这时候马文举向前一步，开始了长篇的声讨："陛下长年巡游四方，抛弃宗庙不顾，对外征役不断，对内暴虐荒淫，致使壮年男子战死他乡，妇女儿童死于沟壑，民不聊生，盗贼蜂起，是非不分，一味宠幸佞臣，残害忠良，如此劣迹斑斑，还敢说自己无罪？"虽然隋炀帝脸皮厚，但也说出了大实话："我确实对不起老百姓，可你们这些人享受的荣华富贵只在我之下，为什么还不满足，干出这种事？到底是谁在主谋？"司马德戡怒声吼道："全天下的人都怨恨你，怎么会是一个人？"宇文化及又派封德彝来宣读杨广的罪状书，隋炀帝质问道："封德彝，你不是读书人吗，怎么也干起了这种事？"封德彝到底是文人，被说了一句之后老脸一红，扔下罪状书脚底抹油跑了。

此时，隋炀帝最宠爱的儿子、十二岁的赵王杨杲受了一晚上惊吓，听到有人厉声冲父亲吼叫，终于忍不住号啕大哭。隋炀帝正要俯身去哄他，裴虔通猛地上前一步，一刀刺穿赵王，鲜血喷涌而出，染红了杨广的衣摆。

隋炀帝眼中仅剩的神采瞬时消失了，他呆立片刻，随之爆发出令人战栗的狂笑声，他对司马德戡等人说道："天子有天子的死法，不必各位动刀，来人，取毒酒来！"

隋炀帝的声音在寝殿里飘飘荡荡、孤孤零零，没有着落，消弭在空中。事已至此，谁还会听他的指挥呢？大殿里的几个人互相使了个眼色，令狐行达上前将隋炀帝一把按坐在地上，隋炀帝将头上的练巾解下交给他。令狐行达不费吹灰之力就绞死了隋炀帝。

大隋皇帝杨广,曾经无数次想象过自己的死法,甚至日常将鸩贮毒药随身携带,与美女宫人相约,贼人来了共饮赴死。他怎么也没想到,自己会孤独一人死在一条练巾之下,死在一个无名小卒的手里,宣告了杨家天下的覆亡,结束了千古一帝的伟大抱负,结束了轰轰烈烈、极具争议的一生。

一个时代落幕了,未来的局势将何去何从?宇文化及以及骁果军是否会返回关中?又将与中原的几股力量有何交集?

大隋王朝覆灭

一、宇文化及的皇帝梦

公元 618 年三月十一日，江都兵变，宇文化及、宇文智及和司马德戡等人率骁果军发动军事政变，最终用练巾绞死了隋炀帝！

谁能想到，生前骄奢淫逸、荒淫无度的隋炀帝死后连口正经棺材都没有，萧皇后与一名宫女拆了漆制床板，好不容易拼凑了一个极其简陋的棺材，将隋炀帝和赵王杨杲收殓其中，偷偷埋在江都宫的流珠堂下，这才让杨广入土为安。后来，镇守江都的右御卫将军陈棱为隋炀帝发丧，集合手下部众身穿白衣，准备好仪仗，将隋炀帝改葬至吴公台下。公元 622 年，唐高祖李渊将隋炀帝陵迁至雷塘。宋代苏轼有一首非常有名的题画诗《虢国夫人夜游图》中提到了隋炀帝陵："人间俯仰成今古，吴公台下雷塘路。当时亦笑张丽华，不知门外韩擒虎。"人生在世，俯仰之间，重蹈覆辙者比比皆是，隋炀帝与陈叔宝一样国破家亡，身死人手，埋葬于吴公台下、雷塘路边，可是他当年却也嘲笑过陈叔宝、张丽华只知道享乐。可见，天道好轮回，苍天饶过谁！

隋炀帝被杀后，宇文化及开启了斩草除根式的大屠杀。隋炀帝的弟弟蜀王杨秀及其七个儿子，隋炀帝的次子杨暕及其两个儿子，长孙燕王杨倓等隋朝皇室成员均被诛杀。隋炀帝的心腹重臣内史侍郎虞世基、御史大夫裴蕴、左翊卫大将军来护儿、秘书监袁充、右翊卫将军宇文协、千牛备身宇文晶、梁公萧钜等及其儿子，则死于乱军之中。

权力过渡之前，都兴找个傀儡皇帝，宇文化及最先看中的其实是被杨广囚禁多年的蜀王杨秀，结果群臣聚在一起开会没通过，杨秀没能保住性命。最后，宇文化及挑了自己的好朋友秦王杨浩，并以萧皇后的名义下旨，立杨浩为皇帝，改年号为天寿，让他住在别宫，派兵监守，日常工作只是负责在文件上签个字。

该死的、不该死的都死了，活着的需要封赏啊！宇文化及首先给自己封了个大丞相，负责总理百官。弟弟宇文智及，江都兵变幕后总策划，给你个尚书左仆射吧。裴矩很懂顺势而为，不愧为群臣表率，封尚书右仆射。宇文士及全程没参与，好歹也是亲弟弟，封个内史令意思一下。司马德戡带头起事有功，拜光禄大夫，封温国公，骁果军继续交给你，大丞相我放心！

但是，宇文化及有做大丞相的能力吗？他有成为皇帝的才能吗？答案非常明显。江都兵变虽然扛着宇文化及的大旗，从策划到执行他没怎么参与，包括善后工作他也做得一塌糊涂。一是他并没有给出缢杀隋炀帝的合理说法，导致后面舆论不利；二是事成之后没有尽快安抚骁果军的将士，部署自己的人员上岗，在动荡局势当中处于被动的地位。

最致命的是，宇文化及没有胸怀天下的伟大抱负。宇文智及忽悠他扛起政变的大旗，他一看有别人替他动手，即觉何乐而不为。他认为骁果军不过是想回长安，老婆孩子热炕头；认为司马德戡等人被他的魅力所折服，会无理由地对他唯命是从；认为杀了皇帝，就可以肆意劫掠江都的金银珠宝、香车美女。宇文化及顿时感到人生别无所求，下令集结江都所有的船只，载着抢来的财物，沿着大运河打道回府！

骁果军一看，彻底寒心了。如此，还要你宇文化及做什么，天下这样的盗匪头头多的是！如此，众将士不就成了打家劫舍的盗贼了吗？隋炀帝的骄奢淫逸骁果军司空见惯，好歹杨广是有点才华的，也是有点格局的，虽然不打仗没有什么建功立业的机会，但一直对他们优待有加，闹情绪要回家的时候，还负责分配老婆和房子。眼前这位大爷可是什么人事儿都不干啊！

公元618年三月二十七日，宇文化及下令内外戒严，带着隋炀帝的文武百官、后宫美人，由骁果军和卫府将士一路护送，来到显福宫。按照老规矩，皇后和六宫作为御营，营房前另搭帐篷，宇文化及在里面办公，仪仗和侍卫都堪比隋炀帝生前的规模。

平日里备受隋炀帝恩典的虎贲郎将麦孟才（麦铁杖的儿子）、虎牙郎将钱杰再也按捺不住心中的愤懑，来到御营找到折冲郎将沈光，此时他已经被宇文化及安排统领给使营，二人说道："我们蒙受先帝恩德，现在却低头为如此宵小之辈做事，还有什么脸面见人，我们一定要杀了宇文化及，就算死也无憾了！"沈光听后流下了眼泪："望二位将军主持大局！"三人商议完毕，约定第二天清晨弑杀宇文化及！

隋炀帝虽然最终没有逃过祸起萧墙的命运，被缢杀于寝宫之内，但是事成之后，由于宇文化及恶臭的价值观及其行为，骁果军普遍认为，自己的名誉都给搭进去了。虎贲郎将麦孟才、虎牙郎将钱杰找到沈光，商议弑杀宇文化及的行动。于是，麦孟才纠合故旧以及数千名部下，准备第二天早晨开拔之时击杀宇文化及。消息不幸走漏，宇文化及和亲信夜里躲到御营外面，派司马德戡去诛杀了麦孟才等人。沈光听到营里喧哗，知道事情已经暴露，马上去宇文化及的营帐找人，结果被司马德戡一众围攻杀害，沈光手下几百人也全部阵亡。

杀人属于特长，但是上朝这事确实为难这位纨绔子弟了。每天上朝，宇文化及面朝南坐在帐中，朝臣们奏事他只能沉默不语，为啥呢？因为啥都不懂！下朝后，再把唐奉义、牛方裕、薛世良、张恺等人叫来恶补一番。傀儡皇帝杨浩已经派人监视起来，每天只负责在奏折上签字画押，朝臣们连皇帝的面儿都见不着，心里开始怀念杨广，没有对比就没有伤害，真是"当时只道是寻常"啊！

行至彭城，因为水路不通，骁果军开始人肉负重长枪铠甲等武器装备，一时间更加怨声载道，司马德戡深感压力山大。他只能私下里和赵行枢抱怨："宇文化及这个没用的人，身边还围着一圈小人，你可害惨我了！"赵行枢答道："全都取决于我们，不行再干一票！"对于政变这种事，二人已经轻车熟路，很快达成共识。然而，弑杀行动再次败露，司马德戡被宇文化及当街吊死，其十九名同党也被宇文化及杀了！

大隋王朝就此告一段落。随着宇文化及离开江都，带着十余万府兵及骁果军西返关中，历史迈进了新的篇章！不管之前李密和王世充谁是这部历史大戏的男主，宇文化及都表示不服。我们先来看看，听闻隋炀帝被杀之后中原各方的反应。

首先是长安方面。李渊在听说杨广被杀之后，倾情奉献了一场苦情戏，一时间哭得像个泪人似的，边哭还边说："我身为大隋的臣子，君王失道我没能挽救，实在是悲痛至极啊！"
没到两个月，武德元年（618年）五月十四日，隋恭帝杨侑主动提出禅位给唐国公李渊，李渊"勉强接受"。真是人生如戏，全靠演技。武德元年五月二十日，李渊在长安大兴宫太极殿登基称帝，并派刑部尚书萧造在长安南郊举行祭天礼，宣布大赦天下，改年号为武德，定都长安，史称唐高祖。之后撤郡置州，改太守为刺史，从此以黄色为皇家御用色。

洛阳方面也不甘落后。武德元年五月二十四日，王世充与段达、元文都、卢楚等人拥立越王杨侗为帝，继承隋统，改年号为皇泰，史称皇泰主。杨侗称帝后，分封了七个高阶官员：以段达为纳言、陈国公，王世充为纳言、郑国公，元文都为内史令、鲁国公，卢楚亦为内史令，皇甫无逸为兵部尚书、杞国公，郭文懿为内史侍郎，赵长文为黄门侍郎。杨侗本人实际上是被架空的，军政大权掌握在这"洛阳七贵"的手中。显而易见，王世充此时还没混上首席。

回头来看从江都杀回来的宇文化及。本来宇文化及是准备返回长安的，行至中途才想起来，自己带着十余万军队，再加上文武百官、美女佳人，哪个不要吃饭呢？一路上粮草消耗殆尽，目前正值饥馑之年，劫掠来的金银珠宝这时候也派不上用场。天下粮食最多的地方无疑是洛阳，而从地形上来说，李密

216

雄踞洛阳城外，挡住了入关的必经之路。

洛阳有回洛仓、兴洛仓和黎阳仓三大国家级粮仓，必须从李密和瓦岗军手里抢一个！宇文化及自从做了大丞相，除坐拥六宫导致体力不支、虚汗频出之外，日常说话不大喘气了，神色不慌张了，自信心开始爆棚。他坚定地认为，自己坐拥天下最精锐部队十余万人，其中还有一万多名由国内顶尖高手组成的骁果军，定能所向披靡，不管什么李密、王世充，通通将成为他的手下败将！宇文化及掐指一算，黎阳仓横在面前，又距离李密的大本营最远，最容易攻破，于是传令下去，全军向黎阳仓进发！

二、三足鼎立

武德元年六月，宇文化及离开江都，率十余万人马西返关中。由于李密雄踞洛阳，控制了去往关中的必经之路，成为宇文化及必然遭遇的对手。而且，眼下粮草告急，宇文化及经过一番分析，从三大粮仓中选中了黎阳仓，决定顺道去黎阳仓抢粮！

此时，守备黎阳仓的是徐世勣。徐世勣听说宇文化及率十余万精锐杀气腾腾朝黎阳仓而来，忍不住肝儿颤腿抖，没有十足的把握守住县城，立即传下军令：退守入黎阳仓城，保护粮食要紧！同时派快马去洛阳城外的金墉城向李密报告形势之危急。

自宇文化及离开江都西归起，李密即陷入忧虑之中，他担心宇文化及行至洛阳与他产生拉扯，这一天果然还是不期而至。如果这位公子哥抢了黎阳仓，很可能以此为据点长期滞留洛阳，瓦岗军将陷入两线作战的不利境地，那么拿下洛阳更难了。于是，李密决定亲自率领两万精兵前去迎战，准备与徐世勣打一场配合战。

然而，情势还是比李密想象得严峻。宇文化及率领的十余万人马虽然经过三个月的旅途劳顿，但仍然是一支如狼似虎、勇猛善战的皇家军队，在黎阳仓外浩浩荡荡排开，不可一世。李密带领队伍在清淇（今河南淇县）安营扎寨，他知道宇文化及粮草不足，必定希望速战速决，因此故意不与其正面交锋，而是与徐世勣相约定，以烽火为号，两面牵制以消耗宇文化及的兵力：宇文化及去攻打仓城，李密在屁股后头踹他一下；待宇文化及气急败坏扭头去收拾李密，徐世勣再在后面补刀一下。这打法对于资深军事战略家李密来说，不过是拿出了入门级的小把戏，但凡有点儿脑子，破解起来很容易，宇文化及坐拥十余万精兵，完全可以用部分兵力包围黎阳仓城，迫使李密前来救援，然后再趁机以主力部队歼灭之。可惜的是，对于宇文化及来说，智商是硬伤。

于是，宇文化及像没头的苍蝇，瓦岗军在哪边冒头，他便去哪边砍几下。还好府兵战力强、素质好，如此折腾之下竟然没有太拉胯，同时成功地把瓦岗军累得够呛。

李密受不了了，这一天决定亲自出营会会宇文化及。宇文化及听说之后可高兴了，立即整肃戎装迎战，准备与李密来一场说打就打的战斗。

不料李密一上来就开始骂街，给宇文化及普及他祖宗的出身："宇文老贼，你家本来是匈奴皂隶，原来姓破野头，因为做了宇文俟豆归家仆，冒用了主人的姓氏，所以你爹应该叫破野头述，你应该叫破野头化及，你弟弟叫破野头智及。要不是大隋朝的知遇之恩，哪有你们家的今天！结果你却弑君篡逆，天理不容！"宇文化及一听气急败坏："李密，要论乱臣贼子，你可是先驱啊！少啰唆，你到底想说什么？！"李密继续骂："天子失德，你为臣之道应该以死进谏，可你却弑杀皇帝，意图篡夺天下！你不学诸葛瞻蜀亡而死，反而学霍禹谋逆不轨，恶行昭昭于日月，必定祸延子嗣！听我一句劝，现在回头还来得及，赶快归顺于我，还能保全你儿子小命！"

宇文化及低头沉默半晌，看起来像个安静的美男子。所有将士此时心思都不在打仗上了，不自觉屏住呼吸，等着宇文化及骂回去。时间一点一滴过去，场面一度陷入尴尬，瓦岗军不知道宇文化及的底细，以为对方成熟稳重，府军熟悉他的沉默，此时不免尴尬至极。

武德元年六月，宇文化及率十余万精兵回老家，路上发现粮草快吃光了，决定顺道去黎阳仓抢粮，结果与李密陷入长期拉锯战。这天，李密可能心情不错，决定出营戏弄宇文化及一番，引经据典地把他骂了个狗血喷头。宇文化及气急败坏，可惜，李密在骂什么，他竟然听不太懂！随便回复，容易露怯；不回复，气势就输了，这可怎么办？！于是，他沉默了半天，终于抬头瞪大眼睛憋出一句话："我们打仗就打仗，干吗扯那么多书里的事儿！"

此言一出，惊诧四座，连没啥文化的瓦岗军都呆若木鸡，没想到对方如此有失水准。府军这边呢，气得手心都出汗了，刀都拿不稳了，恨不得找个地缝钻进去，这下真是丢人丢到家了。再说李密，这时候忍不住轻蔑一笑，对旁边的兄弟们说："宇文化及这么愚庸，还想当皇帝，他这种货色，都不配用我的刀，折个树杈子就给他灭了。"

宇文化及连续几天发动猛烈进攻，府军加骁果军战力着实了得，瓦岗军被揍得嗷嗷叫，一旦李密的大营被攻破，黎阳仓必定陷落敌手。之前徐世勣就在城外挖掘深沟以阻滞宇文化及的军队靠近仓城，这时候他一拍脑门计上心来，挖深沟都可以，干吗不挖地道呢！

仓城之内，说干就干，舞枪弄棒不是农民军的强项，但是挥舞铁锹那可是干回老本行了！瓦岗军兄弟们一夜不睡，轮班干活儿，吭哧吭哧地直接把地道挖到了宇文化及大营的后方。之后，徐世勣派出数百名精锐，通过地道鱼贯而出，宇文化及手下将士大吃一惊，不明是何情况，吓得不知所措。李密早已与徐世勣约定好暗号，亲率手下内军从另一方向发起攻击，两面夹击之下，隋军逐渐显出溃败之态，宇文化及只好赶紧率军逃窜。李密和徐世勣费了这么大的劲，也没占到什么便宜。

就这样，武德元年六月，以洛阳城为中心，形成了三方对峙的局面，分别是王世充率领的洛阳官军、李密率领的瓦岗军，以及宇文化及率领的皇家军队。

先来看王世充，三方中综合实力最强，有和其他两方谈判的筹码。为啥这么说呢？洛阳官兵乃十万精锐，洛阳城作为首都，本身固若金汤，城内什么金银珠宝、布匹衣帛，应有尽有。而且别忘了，宇文化及等江都归来的朝臣的家属也都在城内呢。唯一的问题就是，三大粮仓均落入李密之手，城内军民人口众多，吃不饱饭其他免谈。

李密带领的瓦岗军，最大的优势是兵力充足，有三十万之多，但是多数是农民出身，没有经过正规训练，战斗力不敢恭维。同时坐拥三大国家级粮仓，粮食多到吃不完，弊端是粮食吃不完，就得消耗大量兵力驻守。且自从李密夺取兴洛仓建政于此之后，即踏上与洛阳死磕的不归路，一晃一年多过去了，瓦岗军兄弟们早已陷入疲劳战之中。这时候又杀出了一个宇文化及，手下是十余万王牌军，牵制了李密的主力部队，导致他根本腾不出手继续攻打洛阳，还得时不时防备王世充联合宇文化及，对他进行两面夹击。本来最具优势的瓦岗军处境堪忧。

宇文化及带领的王牌军，战斗力了得，但一路奔波粮草消耗殆尽，黎阳仓又久攻不下，将士们不仅近在咫尺回不了家，而且面临吃不上饭的危机。

三方力量以洛阳为中心胶着在一起，胜利的天平将向哪一方倾斜呢？

宇文化及兵败

一、共抗宇文化及

　　洛阳城下汇聚八方风雨，王世充、李密和宇文化及三方势力竞相争逐，好不热闹！

　　武德元年六月，宇文化及挟天寿帝杨浩西返洛阳。而此时，除了王世充，洛阳城内的"六贵"和杨侗都坐不住了。不管是不是傀儡皇帝，杨浩、杨侗、杨侑三人都是大隋皇室血统，具有继承皇位的正统性。杨侑此时已经禅位，唯一有竞争力的就是杨浩了，虽说他是宇文化及弑杀隋炀帝之后被拥立的，名不正言不顺，但架不住是以萧皇后的名义颁告天下的，还"绑票"了一众隋朝旧臣。"六贵"在洛阳城内权势显赫，一旦失去杨侗这个护身符，啥都不是。

　　于是，元文都、段达等人劝杨侗招安李密，一是可借李密之手除掉宇文化及，二是通过封赏瓦岗军高层，达到离间的目的，削弱李密的势力。杨侗一年来深受李密带领的瓦岗军所

225

扰，没想到宇文化及一来竟然有破局的机会，一时大喜过望，立即任命盖琮为通直散骑常侍，带着招安令去找李密。

正巧李密最近比较烦，在夹缝中求生存实在太难。为了避免两线作战的困境，李密必须考虑在洛阳集团和宇文化及之间选择一方联手。

如果与杨侗合作，也就是选择接受招安，姑且不说自己被招安之后在洛阳集团中是何种处境，现实是得继续和宇文化及的十余万雄师死磕。三十万瓦岗军兄弟，已经与洛阳官军死磕了近一年之久，与宇文化及的王牌军缠斗一个月，有什么实质性进展吗？没有。想到要带着疲惫不堪的农民军队伍继续对抗杀气腾腾的精锐部队，李密的内心是绝望的。

如果和宇文化及联手，共同攻打洛阳呢？宇文化及弑杀皇帝，意图篡位，罪恶盈天，恨不得人人得而诛之，自己此时若选择与他合作，政治名声将毁于一旦，并且，经过一个月的观察，李密不得不怀疑，宇文化及头脑病得不轻，怕不是个傻子吧？说起来，宇文化及不是要去关中的吗？李密恨不得早点放他过去，带着他的十余万精锐去找李渊死磕，最好是打得两败俱伤，自己就可以不费一兵一卒坐收渔翁之利。可是宇文化及盯着黎阳仓像疯了一样，请都请不走！

正当李密寝食难安的时候，杨侗的使者盖琮求见。这时候，李密心上终于松了口气，对待盖琮的态度极尽谦逊之能事。

　　盖琮拜见李密，说道："魏公不愧是天降英才，如此明辨是非，乃国家之幸啊！"李密笑道："兄弟过奖了。我这里正有一份大礼奉上，前阵子干架，绑了宇文化及的同党、雄武郎将于洪建，任凭处置。"李密拍手示意，手下立即带上一个五花大绑的人来，盖琮看了哈哈大笑，说："魏公出马，所向披靡，看来，宇文老贼嚣张不了几日咯！"和谈在一片祥和之中结束，盖琮心满意足地带着于洪建回去复命了。

　　之后，李密立即上表，表示愿意归顺朝廷，主动请求皇泰主命他讨伐宇文化及来赎罪，还派元帅府记室参军李俭、上开府徐师誉等人前往洛阳朝见，以示敬意。段达、元文都等人欢欣鼓舞，认为这一切都是真的。就这样，洛阳集团与瓦岗军集团握手言和，杨侗册拜李密为太尉、尚书令、东南道大行台行军元帅、魏国公，命他先灭了宇文化及，再行入朝辅政。

　　事态发展是不是和想象的不太一样？李密从追随杨玄感叛乱开始，就立志推翻大隋统治，谁承想绕了一大圈儿又回到原点，除此之外，竟然还将代表朝廷讨伐篡逆之贼！你说天底下还有啥不可能的事儿呢！就在洛阳集团和瓦岗军集团握手言和之际，有一个人不高兴了，他是谁呢？

　　武德元年，洛阳集团与李密握手言和，决定联合讨伐宇文化及。洛阳上下为此欢欣鼓舞，这相当于不费一兵一卒将全国最大的起义军集团顺利收编，为己所用。如此一来，平定天下指日可待啊！

段达、元文都等人深感欣慰，于是召集臣属在洛阳城上东门前摆酒饮宴，满朝文武都来了。据史料记载，自段达以下，所有官员都兴奋地舞起来，全然放下平时的包袱。就在众人皆醉的时刻，有一个忧郁的身影，显得那么格格不入。这个人到底是谁呢？当然是与李密死磕数月、几无胜绩的王世充！

李密归降让王世充殊为尴尬。本来他在"洛阳七贵"中就属于外来户，绝对排不到前面席位的，这下还把李密给整来了，这不是成心给我王世充找不自在吗？段达、元文都这招太狠了！想到此，王世充好不气愤，忍不住多喝了几杯，之后醉醺醺地拉着旁边的起居侍郎崔长文开始吐槽："兄弟，这事儿你看得下去不？太尉这样的职位居然给了天底下最大的强盗，这些人是不是脑子有大病？"

不久之后，元文都听说了王世充酒后吐的真言，王世充此时手握重兵本就是敏感人物，此言一出，元文都深刻感受到未来的巨大隐忧，于是暗下决心，准备找个时机将王世充收拾了。

所谓"螳螂捕蝉，黄雀在后"，正在元文都算计王世充的时候，李密却在算计整个洛阳。洛阳已经是李密心头的白月光，怎么可能轻易放弃。按照他的计划，先要稳住洛阳，解决两面作战的隐患，腾出手来灭掉宇文化及，再打洛阳一个措手不及。现在全洛阳都相信他李密是真心归降，如此就不必担心他们和宇文化及联手了。

二、李密智斗宇文化及

接下来，李密做了细致的情报工作。宇文化及现在正一筹莫展，目前他的粮食储备坚持不了几天了，虽然从江都带回来不少金银珠宝，但是这玩意儿不能当饭吃啊！情急之下，宇文化及精心为手下将士配制了养生套餐，什么呢？一天两顿都是稀饭！喝得原来身强体壮的骁果军将士一个个腰带直往下掉。李密得知之后微微一笑，是时候展现真正的技术了！

就在宇文化及快要弹尽粮绝的时候，他收到一封来自李密言辞恳切的求和信：宇文大丞相，我最近做了深刻反思，我们原本共同反抗大隋，是志同道合的战友，怎么莫名其妙就打起来了呢？不如言归于好，只要大丞相同意停战，我愿意免费为将士们提供粮食，您意下如何？宇文化及此刻明显脑子不够用了：原来不用抢，可以直接送啊，那你倒是早说啊！看来李密打不过我，认怂了！想到此，宇文化及仰天大笑，立即传下命令：全军将士不用勒紧裤腰带了，放开了猛吃！以后粮食不愁啦！

一个真敢说，一个真敢信。宇文化及整日端坐在大营里死等，一天、两天……日子一天天过去了，十余万精兵放开猛吃之后，宇文化及的粮仓很快就见底了。派去催粮的使者一个接一个，带回来的消息都是相同的：不要着急，再等一等，粮食马上送到。

若干天过去了，全军引颈企盼，就是不见运粮车的影子，将士们的伙食又恢复到每天两顿稀饭的水平，宇文化及终于快端坐不住。该怎么办呢？去和李密拍桌子吗？万万使不得，可能人家粮食都准备好了，就差运过来了呢？宇文化及不耐烦地欠了欠身，又懊恼地端坐回去。就在这时候，从李密营中来了一个人，带来的消息让宇文化及暴跳如雷，直接把桌子给掀了！

武德元年七月，李密和宇文化及握手言和，条件是李密赠送宇文化及粮草。此事之匪夷所思严重超过了宇文化及能够理解的程度，但也不耽误他无知无畏地接受，接着开始每天引颈企盼，痴痴地等待运粮车的到来。直到有一天，一个因为犯错被李密重罚的瓦岗军将领逃出军营，将李密假意和谈、实为消耗的阴谋告诉了宇文化及，气得宇文化及当场把桌子给掀翻了。但是来者何人，在瓦岗军中是何地位，史书中只字未提，但很可能是翟让的旧部。李密杀了翟让，虽然获得了瓦岗军的完全控制权，却使瓦岗内部陷入长期的内耗之中，瓦岗高层分崩离析，不少翟让的故旧对李密怀恨在心，只想谋得一个给大哥报仇的机会，比如前面讲到的王德仁杀了元帅府左长史房彦藻之后投奔李渊，可能就是这种情况，后面还有更加惊悚的剧情上演，此处按下不表。

话说李密的阴谋在即将成功的时刻，由于自己人的叛逃和告密而功亏一篑。宇文化及怒不可遏，当即下达军令：全军将士渡过永济渠，准备和李密决一死战！

这无疑是重大决策失误，怎么能因为自己中了敌人的奸计，就一时冲动挥师十余万要灭了他，不给自己留一点儿后路呢？宇文化及完全可以在洛阳周边搞搞打砸抢，敲打一下其他弱势的起义军队伍，暂时混口饭吃，然后再从长计议。俗话说"君子报仇，十年不晚"，但宇文化及一天也等不了：今天不是你死，就是我亡！

也许，宇文化及此时此刻已经无所谓后路，在他眼里，不打这一仗，他和十余万将士没有活路，如果打赢了，还能有吃不完的粮食。宇文化及真实演绎了什么叫冲动是魔鬼，将士们的身家性命交在如此鼠目寸光、无才无德之辈的手中,注定是悲剧。

据史料记载,宇文化及率十余万精锐与李密的瓦岗军战于洛阳城外童山之下,从早晨七八点打到晚上六七点,整整十二个小时。从战斗持续的时间来看,大概可以窥见其激烈的程度,双方毫无保留地派出了最优阵营,直打得是你死我活、血染童山!

天下最强官军班底与天下最强起义军的集体拼杀,任何语言都无法描述战斗场面之惨烈。童山本是瓦岗寨控制范围,瓦岗军在李密的指挥之下根据地形列队布阵,可在骁果军的不断猛烈进攻之下,阵形屡屡被冲散,将士们死伤惨重。李密派出秦叔宝、程咬金、王伯当及其手下的内军拼死压住阵脚,双方陷入昏天黑地的恶斗之中。

时至傍晚,李密看战事仍然胶着不下,情急之中亲自率领亲兵杀到阵前,骁果军看前线瓦岗军的帅旗飘荡,立即下令放出流矢,混乱之中李密不幸中箭落马,昏死过去。旁边举着帅旗的小兵相继死于非命,奋战中的瓦岗军战士一时找不到总指挥的旗帜,恐惧的情绪不禁蔓延开来,大家心头涌上诸多不好的猜测,其中最普遍的就是:李密已经阵亡了! 除了客观条件,打仗主要靠的是心态,此时恐惧占据了每一个瓦岗军战士的心。在这种心情之下,大家的脚不由得开始后撤,以骁果军为主力的宇文化及队伍瞬间控制了战场的主导权。就在这一危急时刻，只见一匹黄骠马驰来，马上一员猛将，头戴金盔，身披龙鳞甲，手持一柄马槊，将挡在他前面的敌军一一挑于马下，众人定睛一看，此人正是秦琼秦叔宝！

秦叔宝策马来到李密近前，拉起他置于鞍后，策马将其送到安全之处。随后，立即赶回战场重整人马，组织兵力向宇文化及队伍发起新的攻击。瓦岗军已经精疲力竭，随时有败退之势，但是这时候秦叔宝充当起了主帅的英勇角色，凭着一柄马槊杀入敌军之中，将一个个精兵强将干翻在地，他的气势感染了瓦岗军所有将士，全军振作起精神，终于将敌军的攻势遏制住了。

宇文化及由开战之初疯狂进攻，此时逐渐转变为犹疑之态。他到底只是个不成器的官宦子弟而已，在弑杀隋炀帝之后，凭着莫名其妙的运气当上了大丞相，拥有了号令三军的权力，然而一切并不像他想象的那么简单，这个仗怎么就这么难打呢？还要继续打下去吗？

经过十多个小时的战斗，童山上尸骸遍野，血流漂橹，天地山川已然变色，连空气中都充斥着挥散不去的血腥味。如果每个人的恐惧有颜色，那么此时一定是满山满谷的猩红色。这是怎样惨烈的战争场面啊！

三、兵败身死

武德元年七月，大隋最强官军队伍骁果军与天下最强起义军瓦岗军在洛阳展开激战。双方的战斗约从早晨七八点打到晚上六七点，整整持续十二个小时，直杀得天昏地暗、尸横遍野。瓦岗军主帅李密中箭昏迷，在秦叔宝的保护下才得以脱离险境。宇文化及坐拥十余万精锐，但是面对瓦岗军的不懈进攻，逐渐开始怀疑人生，最终气势崩盘，率众败逃。

此时，宇文化及已经走投无路，只好跑到汲郡去搜刮粮草，又派人去先前归顺自己的东郡把官员和百姓抓起来严刑拷打，逼他们缴纳粮食。东郡通守王轨受不了宇文化及的暴虐，于是派通事舍人许敬宗晋见李密请求投降。李密任命王轨为滑州（东郡改名滑州）总管，留许敬宗做了元帅府机要秘书。

正好隋炀帝时期的朝廷重臣苏威住在滑州，这时候，见宇文化及兵败，当即跟随众人投降了李密。苏威的骑墙人格只言片语很难交代清楚，宇文化及弑杀隋炀帝，身为宰相的苏威大气都不敢喘，受封光禄大夫、开府仪同三司。苏威来降，李密又惊又喜，如此重磅级老臣屈尊归降于他，实在太提气了，因此待他非常谦卑有礼。据史书记载："威见密，初不言帝室艰危，唯再三舞蹈，称：'不图今日复睹圣明！'时人鄙之。"什么意思呢？苏威见了李密，不是谈国家兴亡之事，而是行臣子间的蹈舞礼，并对李密说："想不到今日又得见英明的您！"这种谄媚的行为为时人所不齿。

说起蹈舞礼，基本成了苏威的固定表演项目，后来瓦岗军被王世充所败，苏威又给王世充来了一段。武德四年，李世民打下洛阳之时，苏威求见，本想讨个一官半职，因为苏威和李世民的爷爷李昞同辈，苏威这时候开始端着了，没有给李世民行蹈舞礼，李世民心里不平衡，怎么传统表演项目到我这里不演了？是我大唐朝不配吗？当场数落苏威一通，就把他打发了。历史风云巨变，一个人委曲求全、明哲保身尚可理解，但演戏不能用力过猛，多少得给自己留点后路。

书归正传，宇文化及仗打败了，王轨举郡投降李密，西边和东边都是李密的地盘，仓皇之中该去哪里安身呢？江都肯定是不能再回去了，看来只能向北。于是，宇文化及率领残兵败将撤出汲郡，向河北方向逃窜，一路靠打家劫舍维持生计。他手下的将领，陈智略率岭南骁果军一万余人，樊文超率江淮军，张童儿率江东骁果军数千人，纷纷投降李密。其中，樊文超的爹就是杨玄感之乱中辅政洛阳的大将樊子盖，算是名将之后。至此，除去投降的和逃跑的，宇文化及只剩下两万人。李密一看宇文化及扑腾不起什么浪花了，于是带兵返回巩洛（今河南洛阳一带），留下徐世勣防备宇文化及反扑。

宇文化及此时终于有了些许清醒意识，知道自己大势已去，甚至预感到自己时日无多，说了一句流传至今的名言："人生故当死，岂不一日为帝乎？"人总有一死，活着的时候哪怕只当一天皇帝也值了！道出多少野心家的心声。于是，武德元年九月，宇文化及送给杨浩一杯毒酒结束了他的生命，自己则在魏县（今河北大名县南）称帝，国号为许，年号为天寿，广置文武百官。这里不得不感慨一句，这时候还跟在宇文化及屁股后头做官的，心得有多大！

转过年来，武德二年正月，中原大地的春风吹得宇文化及心痒痒，此时这位又开始膨胀，小小魏县容纳不下他了，他盯上了旁边的魏州！宇文化及可能对自己的实力有错误的判断，认为自己是和李密打过仗的人，打趴其他人不在话下，没想到魏州总管元宝藏可是厉害的主儿，以前是魏徵的老大。攻城战打了四十天，魏州城纹丝不动，宇文化及被元宝藏所败，部将损失一千余人。离开江都时的十余万精锐，此时只剩下数千人，宇文化及的西返之路此时已接近穷途末路。

这还不算完，随后他又遭遇了李渊派来的李神通，几场战斗下来真正成了光杆司令，退守到聊城。聊城是打响隋末农民起义第一枪的义军首领王薄的地盘，他听说宇文化及携带了许多金银财宝，假意投靠他，并邀请他入城。同时，王薄联系上了窦建德，让窦建德的主力前来，准备联手击杀宇文化及！

武德元年七月，宇文化及与李密在童山激战十二小时，兵败之后率残部北窜，因为感慨生命无常，应及时得志，于是躲在魏县登基称了个帝。随后在元宝藏、李神通部队的打击之下，不得不携带家眷退守聊城。

聊城东道主就是之前讲过的写《无向辽东浪死歌》的王薄，见宇文化及带了大量的金银珠宝而来，不免觊觎，于是假意邀请他进城，同时遣使给窦建德发出邀请函，请其派主力前来，二人里应外合俘虏了宇文化及全家。窦建德在列举了宇文化及弑君谋逆的种种罪行之后，砍下了宇文化及的脑袋，随后处死了他的兄弟宇文智及以及两个儿子宇文承基和宇文承趾。谁能想到，为杨广报仇的竟然是河北起义军首领！就算隋炀帝泉下有知，也绝对想不到！

窦建德还将宇文化及的剩余价值利用到底。江都兵变发生之后，隋朝宗室成员几乎被弑杀殆尽，远嫁突厥的大隋义成公主在塞外听闻这一消息，整日以泪洗面，发誓要为哥哥报仇。当义成公主得知萧皇后和齐王杨暕之子杨政道落入窦建德手中，立即遣使来要人。窦建德遣兵千余骑送萧皇后入突厥，还专门把宇文化及的人头做成艺术品，献给义成公主当球踢。窦建德因此与突厥交好，实力日益强劲，称雄河北。

宇文化及这个无才无德的小人物，机缘巧合被选中，冠冕堂皇地站到历史舞台之上，将摇摇欲坠的大隋王朝轻轻一推，推向万劫不复的深渊。而他本人一生作恶无数，为世人所唾弃，到底不得善终。

　　李密率领瓦岗军同宇文化及十余万精锐在童山激烈拼杀之时，洛阳方面在做什么呢？据史料记载，李密自归降皇泰主杨侗之后，极尽人臣之礼，早请示晚汇报从不怠慢。当李密的捷报一封接着一封从战场第一线飞到东都，皇泰主和元文都等人笑得合不拢嘴，一是来自宇文化及拥立的杨浩的压力解除了，二是经此一战，李密的瓦岗军元气大伤，可谓"惨胜"，这些人内心巴不得越惨越好。整个东都沉浸在胜利的喜悦之中，唯独王世充，依旧是那个落寞的背影，在角落里画圈圈下诅咒。他实在想不明白，为啥李密中箭又被秦叔宝救了？像他这样的人，不应该直接摔死吗？

　　接下来的若干天，王世充如同充满怨念的男版祥林嫂，公然放话："元文都这些人不过是刀笔吏出身，他们懂什么啊，今天引狼入室，明天小心被李密抓去收拾！"说完之后，自己也觉得欠点儿火候，于是进行了有效信息的补充，"我和李密交手次数那么多，就算胜的次数不多，也杀了他不少瓦岗军兄弟。一旦李密入主洛阳，掌握军事大权，报仇的机会就来了，到时候你们这些人谁都跑不了！"

王世充煽动内部对立，元文都得知后背发凉，认为如此下去早晚出事，于是立即找来段达、卢楚等人商议，谋定趁王世充上朝的时候，在朝堂上伏兵将其一举击杀。计划看似很完美，但是元文都忽略了两个因素，一是王世充心狠手辣，掌握军事大权，早已对朝臣产生了威慑力；二是他的小伙伴段达为人胆小懦弱，做事并不坚定。段达晚上回到家，吓得睡不着觉，认为此事如果不成功，他就得把自己也搭进去，于是派女婿张志赶到王世充府邸告密。

武德元年七月十五日夜半三更之时，月光朗照洛阳宫城，王世充、段达带领人马突袭含嘉门。元文都没想到自己的谋杀计划剧情反转，情急之中马上入宫，将皇泰主杨侗挟持至乾阳殿，并下令关闭宫门拒守。没想到的是，元文都手下的将领都挺废物，将军跋野纲出宫就投降了，费曜和田阇很快被王世充部收拾了，守门的长秋监段瑜声称玄武门的钥匙找不到了，卢楚吓得躲在太官署里，被王世充党羽捉获乱刀砍死。

眼看着情势对元文都极其不利，这时候，王世充已经率军攻到了紫微宫门，杨侗吓得魂飞魄散，几乎说不出话来。他派人登上紫微观，问道："王爱卿，你起兵到底要干什么？"王世充下马伏地，谢罪道："陛下！元文都和卢楚等人对臣横加陷害，臣为求自保，不得已才先动的手！请陛下杀了元文都，臣听凭处置！"杨侗见王世充人多势众，深感自身难保，于是对元文都说："你自己出去吧！"元文都拉着杨侗的衣袖，如同抓住最后一根救命稻草，杨侗只好命手下将领黄桃树将元文都绑了起来。

元文都知道自己命不久矣，洛阳必将落入王世充手中，不禁号啕大哭："陛下，您看清楚啊！王世充就是要篡权夺位，臣现在死了，您的性命也难保了！"

洛阳政变

一、王世充发动兵变

武德元年七月十五日夜半时分，王世充在洛阳发动兵变，将皇泰主杨侗和元文都包围在紫微宫内。据《隋书》记载，杨侗见王世充人多势众，恐怕自身难保，于是让元文都自己去见王世充。元文都哭着不肯出去，杨侗即命将军黄桃树将元文都绑了起来。此时，元文都知道自己时日无多，泣不成声道："臣现在死了，陛下的性命也不久矣！"杨侗恸哭着将元文都送了出去，至兴教门被乱刀砍死，卢楚和元文都的儿子也未能幸免。

杀了元文都之后，王世充将宿卫禁兵全部换成了自己人，之后入乾阳殿面见皇泰主。杨侗此时看见王世充很是肝儿颤，颤声问道："王世充，你擅自举兵杀人，不曾闻奏，难道是臣子所为？你在大殿上逞以武力，是想要杀我吗？"人生如戏，全靠演技，王世充此时不论心里多么看不上眼前这个毛头小子，但是凭着他还有些利用价值，就得演到底啊！他伏身下拜，瞬间涕泪交加："陛下恕罪！臣蒙受先帝拔擢，粉身碎骨难以报答。可是元文都等人包藏祸心，想召李密进洛阳危及您的社稷安危，怕臣坏了他们的好事，于是起了杀心，谋划了政变。臣求生心切，来不及闻奏啊！您如果不信，臣在此发誓，天地日月在上，如果臣心怀不轨，意图谋害陛下，就让臣满门灭绝，一个不留！"哭得一把鼻涕一把泪，拿自己家属发毒誓，也是豁得出去。这时候皇泰主杨侗能有什么办法呢？在这种情势下，王世充说啥是啥，就算是鬼话，杨侗也必须信！不仅如此，杨侗还非常敬业地配合演出，请王世充上殿，君臣二人说起了体己话！不得不说，剧情反转之快令人咋舌，刚才还刀剑相向，此刻就可以促膝谈心，信什么都别信政客啊！

随后，杨侗下诏，封王世充为尚书左仆射，内掌朝政，外掌军事，至此王世充大权独揽。经此一乱，"洛阳六贵"的势力几近凋零，元文都、卢楚、赵长文、郭文懿四人被杀，皇甫无逸混乱之中抛下一家老小向西逃往长安，后来李渊封了他个刑部尚书。只剩下一个段达，做事没有原则，为人唯唯诺诺，成不了什么气候。

洛阳兵变告一段落，我们再来看李密。经过十二小时的持续战斗，李密率领瓦岗军在童山大战中以惨烈的代价取得胜利。之后宇文化及向北逃窜，李密则率大部队开赴洛阳，皇泰主杨侗答应过他，平定宇文化及之后即入朝辅政。一路上李密感慨万端，宇文化及的十余万王牌军在他的打击下碎成渣渣；李建成、李世民兄弟来转一圈讨不到便宜，只好回家；割据河北的军阀窦建德已经向他表达了臣服之意，还劝他称帝；洛阳那个与他屡战屡败的王世充最为可笑，成功帮洛阳消耗了三十万官军，被打得满地找牙……四海之大，竟没有一个人是他的对手！想到此，李密内心一阵狂喜，感觉人生已经到达了巅峰。此次入朝，不是为了辅政，主政才是他的人生目标！

正当李密在车驾内畅想美好未来的时候，从洛阳传来最新消息：洛阳城内发生军事政变，元文都、卢楚等人被杀，王世充控制了皇泰主杨侗！刹那间，李密的心情从天上跌落到深渊——说好的辅政呢？刚才脑海中出现的美好景象，瞬时灰飞烟灭！

李密摸着身上被流矢射穿的伤口，对命运的无常哭笑不得，人算不如天算：孤注一掷打败宇文化及，死伤无数兄弟，自己的性命都差点儿搭进去，结果辅政协议立时作废，全部的努力付诸东流！洛阳城的新主人心狠手辣、阴险狡诈，为达目的不择手段，比什么杨侗、元文都难对付数倍，今后想拿下洛阳难如上青天啊！只是晚了那么一步啊！李密此时感受到伤口钻心般疼痛。

无奈之下，李密只好打道回府，回到金墉城大本营。摆在李密眼前的是千疮百孔的瓦岗军队伍，激战之后的后遗症是非常明显的，八千内军此时伤亡过半。李密决定振作精神，重新整顿军队，却由此导致瓦岗旧部的强烈不满，究竟发生了什么呢？

武德元年七月，李密以巨大代价取得了童山大战的胜利，瓦岗军伤亡惨重。战事过后，李密决定重新整顿队伍，重用投降过来的骁果军。这下瓦岗军将士不干了，这些骁果军才与他们进行过大战，无数战友和兄弟死于他们的屠刀之下，现在非但不用承担任何后果，薪资待遇竟然比他们还高，凭啥？！

徐世勣和贾闰甫先后向李密反映了将士们的怨言，劝他不要厚此薄彼，引起不必要的矛盾，可是李密根本听不进去。那么，李密为什么一定要这么做呢？站在现代企业管理的角度很容易理解：一个企业为了鼓励老员工忠于公司，会根据员工入职年限设定工龄工资，但是一个企业想要与时俱进，必须吸纳新型人才，给的薪资待遇也必须具有市场竞争力。目前李密给瓦岗集团设定的目标就是，不惜一切代价打造一支精锐王牌军，在这一指导思想下，出手大方是情理之中的事。

李密的人才管理思想在当时具有相当的先进性。可惜处理不妥的地方在于，既没有能使骁果军融入瓦岗集团的企业文化，又没能兼顾重点岗位上的优秀老员工，导致这些人心怀不满，为后面埋下了隐患。瓦岗元老单雄信、邴元真就是典型的例子，二人本是翟让旧部，翟让被杀之后一直对李密怀恨在心，李密多次胜战之后开始一意孤行、军事冒进，导致瓦岗军元气大伤，再加上提拔和重用外人，引起二人的强烈不满，明面儿上都听李密的，私下则已经另作打算。

此外，李密还面临招募新兵的严峻问题。童山一战，瓦岗军"杀敌一千，自损八百"，精锐部队大部分死在了战场之上，在全国起义军中的战斗力排名直接降至二流水准。李密有感于霸主地位不保，立即派部将赴各地招兵买马。李密本以为自己坐拥三大粮仓，招聘些为了吃饱饭的大活人还不容易？事实上却没那么简单。

李密可能对用人行情有错误的估计，首先，之前尊奉他为大哥的各路起义军头领开始坐观风向了，本来就是外部工作室，天下熙熙攘攘，昨日一拍即合，今日可能一拍即散，不都是为了利益吗？其次，对于将士来说，不是肚子吃饱就可以了，工资和奖金还是不能少的。可是李密府库空虚，将士们长期得不到奖赏，甚至打了胜仗之后，他也不再把战利品分给大家，导致军心浮动、渐生怨气。无奈之下，李密只好下令将洛口仓（兴洛仓）仓门打开，只要愿意来参军，粮食随便拿！解决不了温饱问题的盗匪和百姓闻风赶来，把家里各种家伙什儿都带来装运粮食了，场面一度火爆且混乱。据说，洛口仓外的路上铺满了粮食，都是老百姓拿不了遗弃在路上的。

洛阳城里的王世充听说之后坐不住了，大骂李密不仅是窃取国家粮仓的盗贼，还暴殄天物，该遭天打雷劈。此时洛阳城里物价飞涨，老百姓和军队都快要撑不下去了，没有粮食，府库里那么多金银财帛有什么用呢？王世充越想越气，李密他真是饱汉不知饿汉饥，如此糟蹋粮食，还不如送到洛阳城呢，能解决多少民生问题！想到此处，王世充突然一拍脑门：对啊，是不是可以从李密那里搞点儿粮食来呢？李密那里缺钱，我这里缺粮，干脆做个交换，这样岂不是大家都好？王世充情急之下脑洞大开，于是，主动向李密发出一个请求：魏公，要不要来换点儿东西？那么，李密又是作何回应的呢？

二、瓦岗军濒临瓦解

武德元年，李密与宇文化及童山大战之后，洛阳突然发生兵变，打乱了李密入朝辅政的完美计划，接下来他只好与王世充继续洛阳对峙。没想到此时，王世充竟然脑洞大开，向李密提出以金银布帛换粮的请求。李密心里当然清楚，任何时候都是民以食为天，尤其是当今乱世，掌握粮食安全无异于掌握了战争的主动权，傻子才和他王世充换呢！但是，李密面对将士们日渐不满的情绪，心底还是浮上一丝纠结。

那么，双方到底有没有达成交易呢？据史料记载，李密最终同意了王世充的请求，忽悠他改变主意的就是邴元真。可能是想为大哥翟让报仇，也可能如史书所说邴元真"好利"，肯定从中捞了不少油水。总之，邴元真天天跟李密说：冬天快要到了，缺少御寒的冬衣，将士们会很生气，后果会很严重！李密猪油蒙了心，最终同意与王世充做交换。

这时候，中国战争史上最奇葩的一幕出现了：李密和王世充在洛阳城下领兵列阵，是要打仗吗？不，进行友好贸易！瓦岗军扛着粮食放到王世充阵前，洛阳官军扛着金银布帛放到李密阵前，一手交钱，一手交货，场面美好得仿佛友军一样。洛阳得到粮食，军民心中不慌了；瓦岗寨有了钱财和布匹，将士们不闹情绪了，看起来皆大欢喜。正当瓦岗将士们沉浸在致富奔小康的喜悦之中的时候，李密发现，从洛阳投奔而来的老百姓和士兵越来越少了，他后悔得直拍大腿，紧急叫停了阵前贸易。

王世充看手下吃饱喝足，这下总能打仗了吧？不行，将士们都知道他和李密对战没有一次不被完虐，跟着他打仗根本没有斗志，还得来点儿心灵鸡汤！

于是，王世充精心导演了一场大戏。这一天，左军卫士张永通来面见王世充，声称自己做了一个奇怪的梦，事关重大，必须如实禀报。王世充示意道："有话请讲。"张永通点头说："不得了了，周公给我托梦了！他让我给您带个话，说是眼下正是大好时机，应该率军急攻李密，必定能够取胜！"王世充双目圆睁，好像第一次听说这个事儿："周公？哪个周公？难道是那位周文王的儿子，周武王的弟弟，姓姬名旦的周公？"张永通正色道："正是，正是！"王世充演技娴熟："怎么会有这种事儿？太让人震惊了！"张永通接着说道："别说您了，我也不敢相信。周公找我一次，我以为只是个寻常的梦，但他找了我三次啊！"王世充激动得说话开始结巴了："这这这，如何得了！"于是，立即派人给周公修建了一座庙，每次出军作战前就去烧香祷拜。

这还不算完，过了些天，一位巫师找上门来，声称周公也给他托梦了，说是希望王世充赶快率兵讨伐李密，否则的话，将有瘟疫降临军中，到时候将士们都会遭殃！

这一招还挺管用，古代人脑袋里装满了怪力乱神，王世充的手下大部分是楚人，崇尚巫蛊更甚，对托梦一说深信不疑，将士们瞬间像打了鸡血一般，纷纷要求出战。

武德元年九月初，王世充率两万精兵讨伐李密，为了表明此战是神仙授意，下令将所有军旗绣上"永通"二字，旌旗招展，队伍浩浩荡荡地开赴偃师。到达后驻营在通济渠南，并在渠上搭设三座桥梁。这时候，李密派王伯当驻守金墉城，自己亲率秦叔宝、程咬金、裴仁基、裴行俨、单雄信等一众英雄奔赴偃师。扎下大营之后，瓦岗高层召开应急战略会议，会上大家踊跃发言。

老将裴仁基首先发表意见："王世充带领的两万余兵马想必是洛阳全部的精锐，现在洛阳城内防守力量必定极弱。如此一来，我方可以扼住王世充东进的道路，然后派出三万将士绕道去攻打洛阳。等王世充回军，我军便可以撤回；等王世充再次东出，我们再出兵进逼洛阳，如此让他周折几次，精力和士气耗损于道路，到时候我军全面出击，必定取胜。"这是一个相当聪明的战术，但是李密不以为然，那么他会怎么办呢？

武德元年九月，王世充和李密在进行友好交易之后，立时翻脸，准备在偃师决一胜负。两方实力对比太过悬殊，几十万大军对战两万，以致瓦岗军上下一致认为，这将是一场碾压式的战斗，因此战前会议气氛极度融洽。老将裴仁基保持一贯的谨慎，提出分兵两路消耗王世充的战术。李密则认为可以再完美一些，虽然被王世充骗了一些粮食去，但是维持不了多久，不如干脆闭门不出，让对方想打打不着，想退兵又没有退路，如此过不了十天，王世充必是我手下败将！李密果然是资深战略专家，取胜方式讲究低碳环保！

然而，老天终于决定和李密开一个大大的玩笑，若真采纳他的上策或者裴仁基的中策，如今呈现在我们眼前的历史恐怕是另外一番面貌了。

瓦岗元老之一的单雄信以及刚投降过来的骁果军将领陈智略、樊文超等人得到李密的重用，拿了高薪资，此时急于表现自己，纷纷叫嚷"兵法有云'倍则战'，况不啻倍哉"。什么意思呢？王世充的军队少得可怜，又屡战屡败在您的手下，早已吓破了胆，兵法上说过，己方力量是对方的一倍则出战，现在我们的兵力数倍于王世充，怕他作甚？更何况，刚加入瓦岗军的江淮将士正希望为魏公立上一功，得给他们这个机会呀！顿时，大营中一片应和之声，纷纷主张直接死磕。

自公元 613 年踏上反隋之路，稳扎稳打多年的李密，此时看到将士们个个求战心切，要豁出去替自己打天下，激动得热泪盈眶，当即拍板：不废话，直接开干！他压根儿没有注意到，大营的角落里，一个人正露出轻蔑的微笑，仿佛在看一群与自己无关的人的笑话，这个人就是单雄信。

裴仁基见李密突然失心疯，怎么劝都不听，急得快哭了，蹲下来开始敲地板，长叹道："魏公，你一定会为今天的决定后悔的！"

魏徵听说备战会议的结果之后也大吃一惊，紧急赶到长史郑颋处，希望郑颋可以出言相劝："魏公虽然数次将王世充打趴，但是目前我方刚和宇文化及打完，伤亡惨重，将士们厌战情绪强烈，在这种精神状态下很难全力以赴。更何况王世充现在缺粮，利在速战，手下若不奋战就会饿死，真正打起来是会急眼的！在这种情况下，只要坚守不出，凭着城池固若金汤，抻他十天，王世充必定不战而败。"可惜郑颋此时脑子也被驴踢了，不仅不以为然，还嘲笑魏徵没见过世面，思维已经严重落伍，直气得魏徵拂袖而去。

　　拍板定案之后，李密开始进行人事安排。首先，因为瓦岗军尤其是内军在童山大战中伤亡惨重，已经不适合在一线作战，因此李密决定亲自率领以骁果军为主力组成的大军，正面迎战王世充，争取一举拿下！同时，由单雄信为主将驻守前沿阵地指挥所偃师城城北，与李密的主力部队形成犄角之势。还有就是后勤安全保障问题，王伯当留守金墉城大本营，徐世勣镇守黎阳仓，邴元真镇守洛口城。

　　一切安排看似很完美，然而，李密已经完全失去对集团军内部人心的准确把握。内军伤亡惨重自不必说，无条件信任刚归附的骁果军，派其打主力前线，不得不说，李密心真大。李密扶植起来的亲信多为文官，此时能派到战场关键岗位的单雄信、邴元真、徐世勣无一不是翟让旧部，李密根本不知道他们心里在想些什么，自认为虽有嫌隙，但仍可共谋大业。

武德元年九月初十，李密和王世充的决战正式打响！在极度膨胀自信心的主导下，李密彻底放飞自我，连驻营的基本设备——营寨四周的围墙都懒得安置了，赤裸裸地等待王世充大军的到来。

王世充也是不走寻常路，首先派出几百名骑兵攻打偃师城城北单雄信的大营，李密在这种情况下，派程咬金、裴行俨等一众猛将率领几百号战士去包抄骑兵队伍。号称"万人敌"的裴行俨手持一柄长槊冲在最前面，然而对方弓箭手一顿攒射，裴行俨不幸中箭，坠落马下，顷刻间命悬一线！

李密身死

一、邙山之战

　　武德元年九月初十，李密率领的瓦岗军与王世充率领的洛阳军战于邙山，双方都拿出了决一死战的架势。可惜战事一拉开，瓦岗军就吃瘪了。裴行俨手持长槊，一马当先，却不料身中流箭，被敌军紧逼。危急之际，程咬金驰马救援，连杀数人，趁围兵后退之际，将裴行俨抱到马上，后撤回营。历史上真实的程咬金，既没有"三板斧"，也不曾做过混世魔王，却是实实在在的唐朝开国名将，位列凌烟阁二十四功臣之中。程咬金本来率领内骠骑与李密共同驻守在北邙山上，此时为增援带领外骠骑驻扎在偃师的单雄信，与裴行俨率军共同狙击王世充的轻骑，不承想出师不利。

　　程、裴二人共骑一马，速度自然慢了下来，王世充的骑兵很快就追了上来。几十柄长槊在程咬金身后晃来晃去，程咬金内心慌乱不已。真是怕啥来啥，一柄长槊穿透程咬金的身体，鲜血顿时喷涌而出，画面惨烈，不忍直视。好一员骁勇善战的猛将——程咬金忍住剧痛，大喝一声，回过身来，折断长槊，将执槊之敌杀于马下。一众追兵被程咬金的生猛镇住，程咬金乘势将敌人杀散，这才得以带受伤的裴行俨退回大营。

虽然程咬金和裴行俨两员大将未受较大的折损，但同行的其他十几员猛将却身受重伤。此役过后，李密的军队无论从士气还是实力上均受较大损伤。虽然此时双方的兵力对比仍然悬殊，但胜利的天平已经开始向王世充倾斜。

经过首日的试探性进攻之后，王世充对李密军队的虚实已有大概了解，准备与其决一死战。战前，王世充不仅做了让三军热血不已的动员，还做了充分的准备。当天夜里，他先在北邙山埋伏了两百余名精锐骑兵，准备第二天搞突然袭击。邙山是李密的大本营，一同驻扎的还有裴行俨和程咬金等名将，但他们皆负伤，可想见李密军队士气之低迷。王世充同时还在军中安排了一个貌似李密的人，并嘱咐手下将士如此这般，这般如此，准备在战斗中出奇制胜。

与王世充不同，李密不仅以疲惫之师应战，还轻敌至极，甚至连营寨都不设防，真不知道是谁给他的自信。

翌日凌晨，王世充率先发难，向李密的大营发起冲击。李密仓促应战，阵势都来不及列好。经过王世充的洗脑，洛阳军队誓死冲锋，勇猛无敌，"出入如飞"。李密这边虽然仓促应战，但胜在人数数倍于王世充。双方激战，邙山脚下一时战鼓齐擂，硝烟弥漫。就在战事胶着之际，王世充祭出大招。他将之前准备好的假李密五花大绑，推出阵营，命令军士大喊"李密已经被活捉啦"。同时，在北邙山埋伏的精锐骑兵听到号令后，直接冲向李密的"指挥部"，纵火烧营。李密的军队听闻李密被俘，无法辨别真假，后方大营又被焚烧，一时军心大乱，兵败如山倒。单雄信迟迟不来增援，李密不能阻挡败兵之势，只好匆忙退向洛口城。混乱之中，李密将领张童仁、陈智略都向王世充投降，裴仁基、祖君彦均遭俘虏。

王世充乘胜追击，围困偃师。偃师守将郑颋正准备组织力量抵抗，他的部下将领却早已离心，打开城门，迎接王世充入城。李密的一个重要据点就这样被王世充不战而得。

李密在即将退回洛口城时，得知洛口仓的长吏邴元真已经将自己的撤退路线密告给了王世充。李密不愧为久经阵仗的将领，听闻后并未惊慌，反而准备故技重施，在王世充半渡洛水之际，再搞一次突然袭击。然而天算不如人算，李密的密探一直到王世充渡水完成之后才有所察觉。王世充的军队已经渡河成功，再进行攻击也无济于事，李密只好带领残部逃往虎牢关。

经此一战，瓦岗军十万余人被王世充俘虏，其中包括数十位重要将领。陈智略、张童仁和单雄信等将领则选择了投降。

裴行俨、程咬金、秦叔宝、刘黑闼等名将暂时归附于王世充，后大多数转投唐朝或窦建德。魏徵后随李密等人投降唐朝。

这一战的失败，将李密识人不明的这一缺点体现得淋漓尽致。当初，单雄信骁勇善战，擅使马槊，勇冠三军，号称"飞将"。房彦藻觉得单雄信"轻言去就"，曾建议李密将其除掉。但李密爱惜将才，不忍下手，反而将偃师这样的重要据点交由单雄信镇守。在与王世充的大战中，单雄信果然率部投降，让李密失去支援的力量。演义传说中忠义两全的单二爷，在正史中的记载让人大跌眼镜。

邴元真原本是一个小吏，因贪赃被官府通缉，跑到瓦岗投奔翟让。翟让命其掌管文书笔记，后又推荐给李密任长吏。邴元真生性贪婪卑鄙，宇文温曾劝李密："不杀邴元真，必将成为您的后患。"李密一直犹豫不决，反而将洛口仓这样具有战略意义的重地交给邴元真把守。邙山之战中，邴元真果然给了李密"致命一击"。

公元618年九月，瓦岗寨李密率疲惫之师与王世充大战于邙山，由于过于轻敌和内部将士的离心离德，导致最终的大溃败。李密带领残余军队撤退，准备前往黎阳投靠徐世勣，但部下有人认为李密当时杀翟让的时候，徐世勣也挨了一刀，现在去投奔徐世勣，难免遭到报复。李密想了想也是，他已经被翟让的旧部坑得够惨了，不能再被坑了，于是决定前往河阳投奔当前为数不多的亲信王伯当。

在河阳短暂休整后，李密与众将商讨后续计划，提出"南守黄河，北守太行，东连黎阳，再取东都"的策略，但左右将领都不以为然，认为现在军队遭此大败，士气低迷，心中胆怯，如果再作停留，恐怕过不了几天，李密就要成光杆司令了。李密见军心如此，不由得崩溃大哭："我之所以成事，依靠的都是大家，如今你们都不肯追随我，我不如一死以谢天下吧！"说完，李密拔出长剑，准备自刎。关键时刻，王伯当一把抱住李密，夺下长剑，痛哭欲绝，左右之人都大受感动。

李密见大家心意如此，也不再坚持己见，做了一个可能是他人生中最重要的决定——奔赴关中，投奔李渊。他安抚手下将领说："所幸大家都没有放弃我，我们此去关中，我可能没有功劳，但是大家必定会有富贵。"但手下将领认为李密和李渊同出一宗，也曾并肩作战，虽然没有和李渊共同起兵，但东阻洛阳，切断隋军的归路，也算间接支援了李渊占领长安，所以功劳也是不小。跟着李密投唐，还是有奔头的。李密又试探王伯当说："将军您应该以家族为重，怎么可以和我一起去呢？"王伯当当即表了忠心，说："过去萧何带领所有的子弟追随汉王刘邦，我之前还比较遗憾兄弟们不能都跟着您走，现在怎么能因为您的一时失利，就不看重去留呢？纵然粉身碎骨，也心甘情愿追随您！"不得不说，王伯当真是一个有情有义的好汉子。

二、反叛被杀

公元 618 年十月，李密带着余部两万余人西入函谷关投奔唐王李渊。身份发生巨大转换，李密的心里想必不太好受，但李渊给了李密相当高的礼遇，在李密还未入城之际，就派出声势浩大的使者团在路上迎接慰问。这让李密很是高兴，对手下人说："想我李密，本来也有百万雄师，哪料兵败如山倒，竟然到了这种地步，这也是天命如此。现在到了长安，受到这样的优待，应该竭尽忠心，来对待我所尊崇的人。山东尚有我的大批旧将，只要我一声令下，都会前来投奔。和投降汉光武帝的窦融比起来，我的功劳也不会小，难道还不能给我在三公安排一个位置吗？"

然而理想很丰满，现实很骨感。等入了长安城，李密才发现事情没有那么简单。先是，有关部门对李密带来的人马供应极差，李密的部队接连几天都没有得到后勤供给，搞得大家怨气丛生。不久之后，李渊封李密为光禄卿、上柱国，赐邢国公的爵位。上柱国和邢国公都是虚职，只有光禄卿是实职，这个职位级别不低，从三品，但实际上差不多相当于御膳房的厨师长，这让李密感到很是受伤。

职位安排不顺心也就罢了，长安的大臣也轻视李密，甚至认为他之前事业做得那么大，现在瘦死的骆驼比马大，就来找李密索取贿赂，李密内心大为不满。李渊套路则极深，虽然没按照李密的预期安排职位，但他不仅和李密称兄道弟，还将自己的表妹许给了李密，这让李密有苦难言。

一次朝会，李渊宴请众大臣，李密作为光禄卿，负责膳食。其他百官都在觥筹交错，李密却只能指挥侍从给百官端茶递酒。李密感到伤害性不大，侮辱性极强。朝会结束后，他对王伯当说道："以前在洛口，我还准备让崔君贤做光禄卿呢，想不到我现在竟然干起了这个差事。"王伯当也很郁闷，当即撺掇李密说："天下大势还在您的掌握之中，现在黎阳有东海公徐世勣把守，罗口有襄阳公……您目前这样可不是长久之计啊！"

王伯当的一席话，又点燃了李密内心的明灯。李密当即向李渊献策："我在长安受此殊荣，未曾相报。山东群臣过去都是我的部下，请让我去招降他们。招降之后，凭借国家的威力，收拾王世充就像捏死一只蚂蚁一样容易。"

李渊本来听说李密的部下都不服王世充的领导，也准备让李密去收服山东旧部。大臣们纷纷劝说李渊，说李密阴险狡诈，容易反复，现在放他回山东，就是放虎归山，后患无穷。李渊却不这样认为，他觉得让李密去攻打王世充，正好是鹬蚌相争，可以坐收渔翁之利。于是，李渊派李密去往崤山以东，收服他的旧部。李密请求贾闰甫一同前去，李渊也答应了这个请求。临行之前，李渊还让李密和贾闰甫登上御榻，共同饮酒，勉励李密不要离心，早成大业。为了让李密放心，李渊还安排王伯当作为李密的副手，一同前往山东。

李渊虽然力排众议，让李密前去山东，但始终还是不放心，于是让李密把带进关内的两万余人马留一半在华州，只带一半出关。李密此时只想鱼入大海，哪怕两万余人马都不带去，他也愿意，于是痛快地答应。但是李密识人不明的缺点再一次毁了他。在他带走的一半人马里，有一个长吏张宝德，担心李密造反自己受牵连，于是给李渊上密折，"言其必叛"。你看看这都是什么部下。

李渊收到密折后改变了想法，但又怕李密多疑，于是下了一道敕书，命军队缓慢前行，让李密单独回朝，说另有安排。李密收到敕书后，大为惊恐，与贾闰甫商量攻下桃林，北渡黄河，到达黎阳后反叛李唐。贾闰甫有可能是被李渊临行前的迷魂酒洗了脑，坚决不同意，并劝李密别有异心。这让李密十分不满，他想你贾闰甫怎么说也是我的心腹，怎么轻易地就站了李渊这队，准备举刀将其砍杀。幸好王伯当在场，将李密的大刀拦了下来，并劝李密放走了贾闰甫。王伯当也认为此时反叛并不是最佳时机，李密不听，王伯当只好说："讲义气的人不因存亡而改变初心，您要一定不听，我和您死在一起也就罢了，不过恐怕最终也并没有什么用。"

李密于是把使者斩杀，对桃林县令谎称自己奉命回长安，现在要将家眷安排在县衙内。他挑了几十名猛士，暗藏兵刃，穿上女装，化装成自己的妻妾，进入城中。等进入县衙之后，李密带人突然发难，乘机占领县衙。之后，李密率部掠夺畜产，向东而行，对外声称去往洛州，实则派人通报旧将伊州刺史张善相，命令他派兵接应，准备前往襄城。

贾闰甫离开李密之后，去向熊州告密。熊州副将盛彦师识破了李密的计谋，提前将军队埋伏在熊耳山山南，准备等李密进入谷中就发起攻击。果然不出盛彦师所料，李密率部走了这条路线。等李密的一半人马进入谷口后，盛彦师一声令下，万箭齐发，李密的军队前后不能照应，几乎全军覆没。李密和王伯当当场被杀，首级被传到京师。据传，李密被射死的地方改名断密涧，后又改为邢公岘（一作邢公山），因邢国公是李密投唐之后被封的爵位。

李渊派使者到黎阳告知徐世勣李密反叛之事。徐世勣上表请求收葬李密，李渊下诏将李密的尸体送至黎阳。徐世勣完全按照君臣之礼将李密安葬在黎阳山之南，全军缟素，大具威仪。李密平素甚得军心，很多人痛哭欲绝，以致呕血。李密旧将杜才干听闻李密之死后痛心不已，怨恨邴元真曾经背叛李密，设计将其杀害，并带其首级在李密坟前祭奠。

一代英豪李密，就这样结束了他极其辉煌也极其短暂的一生，时年仅三十七岁。

李密含着金汤匙出生，其祖父李耀为北周太保、邢国公，其父亲李宽为隋朝上柱国、蒲山郡公。李密虽然出身于这样显赫的家族，但并未选择庸庸碌碌地度过一生，而是"志气雄远，常以济物为己任"。他天资聪颖，从小牛角挂书，受到当朝宰相杨素的格外赏识，"谋无不中，量无不容，盖非唐初君臣所能及"。

跟随杨素之子杨玄感造反失败后，李密开始了他的流亡生涯，但流离失所并未消磨他的意志，甚至还写出了"樊哙市井徒，萧何刀笔吏"这样具有雄心壮志的诗句。当他加盟瓦岗军之后，更是凭借一己之力，将瓦岗军这样的草台班子带上了一个新高度，连续打败张须陀、王世充、宇文化及等人，俨然成为各路反隋义军的盟主。他几乎以一己之力牵制了整个隋朝精锐兵力，这不仅让自己的实力严重受挫，也间接地支援了李渊进入长安，资助了窦建德、杜伏威等群雄做大做强。

到达实力巅峰之时，李密却开始了他的"作死之旅"，一步错，步步错，不仅将可能到手的江山拱手让人，自己也身首异处，让人嗟叹不已。首先，他将翟让杀掉就是一步错棋，这不仅让他背负"忘恩"的恶名，而且直接造成了瓦岗军旧部的离心离德。人心散了，队伍自然不好带了。到邙山战败之后，能誓死追随李密的只剩王伯当一人。其次，李密识人不明的这一短板也让他自吞恶果。对单雄信、邴元真这样存在"劣迹"的人员，李密委以重任，邙山一战，单雄信、邴元真等将领的临阵投敌，直接造成李密惨败的悲剧。像魏徵、秦琼、徐世勣、程咬金这些唐朝开国将领，都是来自瓦岗，可以说瓦岗军内人才济济，而李密却没有很好地使用。最后，李密在杨玄感起兵时，为其规划的上、中、下三策，可以看出李密具备的战略眼光。但在带兵后期，李密却处处试错。他选择和宇文化及硬杠，造成自身实力的严重受损，然后又拒绝裴仁基和魏徵的策略，选择以疲惫之师和王世充决战，最终一败涂地。而战败后选择的投唐策略，其实也值得再商榷。以当时瓦岗军的力量，虽然惨败，但重新收拾人马，未尝不能再战，胜败之势其实还很难说。《旧唐书》就如此评价："及偃师失律，犹存麾下数万众，苟去猜忌，疾趣黎阳，任世勣为将臣，信魏徵为谋主，成败之势，或未可知。"

隋末唐初，风云际会，隋失其鹿，天下共逐之，时势造英雄。各方势力相互较量，终归有胜有负。一代英豪就此落幕，可敬，可佩，可悲，可叹！